吳姐姐講聖經故事

④流奶與蜜之地

吳涵碧——著

讀聖經，瞭解世界

【中央研究院院士】吳玉山

家姐吳涵碧（吳姐姐）寫了兩套了不得的好書，第一套是皇冠所發行的《吳姐姐講歷史故事》五十冊，娓娓動聽地講中國上下數千年歷史，在台灣暢銷多年，整整影響了一代人，現在已經傳布到對岸，也是熱銷；第二套就是她正孜孜耕耘的《吳姐姐講聖經故事》，如今出到第四冊《流奶與蜜之地》。我毫不懷疑，以她用功之深、毅力之強、信念之堅，這又會是一套同時具有知識和趣味、深思與識見的皇皇大作。

吳姐姐寫故事的成功，一方面是因為她出於學術之家，兼有新聞傳播和歷史兩個學科的訓練，因此可以用嚴謹的方法深入歷史素材，然後用大眾最能夠接受的方式呈現出來，另一方面則是因為她「有話要說」。在寫第一套書的時候，她想透過介紹中國歷史長河中的人物事蹟，來彰顯固有文化的義理和價值，讓民族的精神能夠傳承綿延；做為一個虔誠的基督徒，她現在更要施展同樣的功力，讓《聖經》透過故事的陳述方式，變成平易可讀，使中文世界更能夠接觸到這本全世界最有影響力的著作。我在她身邊觀察數十年，感覺「有話要說」是她創作的泉源，因此信念與理想充滿在她的文字之中。雖然是最貼近人心的故事，但其文是用以載道。對於她的信仰，吳姐姐毫不避諱，勇往直前。

我以為寫這兩套書，是有智慧和眼光的。任誰都知道，西方與中國是未來可見數十年影響世界最強的兩股力量，而台灣同時在中華文化和西方文化的影響之下，更應該對這兩方面加強瞭解。試問，如何能瞭解中國（包括我們自身）？答案是讀中國的歷史。再請問，如何能瞭解西方，答案是看《聖經》。中國的歷史我們從小熟悉，有些根底，賴吳姐姐的五十冊大作可以有平易趣味的方式，來一窺堂奧。但是並非大家都是基督徒，而《聖經》並不易讀，即使信徒都要花很多的功夫來理解領會，「查經班」就是這個道理。所以如果有人能夠用講故事的方法，來將《聖經》介紹給大家，這對教徒和非教徒，都是極好的事情，而吳姐姐便是操筆的最佳人選。

讀《聖經》真的有那麼必要嗎？西方就是一個基督文明，基督教的思想概念、道德規訓、世界觀與人觀，都深深鏤刻在西方國家的價值與制度之中、含蘊在其歷史與文化之內，更表現在西方人生活的每一個層面。舉個例子，西方人的命名至今泰半來自《聖經》；一週七日、週末不工作的基本生活規律是源於基督教；根據社會學大師韋伯的考察，資本主義的緣起是出於新教的倫理，那決定了我們的經濟制度；從國際關係來看，今日歐盟大幅東擴卻不能接納土耳其，原因就是那不是一個基督教的國家；而西方對以色列的同情和支持其根源便是在二者的宗教同源。西方的歷史與行為、世界的大勢與發展，不知道基督信仰，不瞭解《聖經》，是不可能理解的。因此對於想要知道西方、瞭解+西方如何影響世界、如何影響我們的命運與生活，最有效的途徑就是讀《聖經》。基督教不僅影響西方，更在全世界廣泛傳布，是全球最有影響力的宗教，而全世界的教徒便是靠《聖經》來溝通。非教徒要瞭解基督徒，也是要靠《聖經》。這是一本自古以來對世界歷史影響最深遠的書，要瞭解它，瞭解基督教義，《吳姐姐講聖經故事》便是我們的捷徑。

聖經故事現在講到第四本，內容主要是以色列人在曠野流浪了四十年，終於能夠進到迦南美地，那個流著奶與蜜的勝境。雖然上帝對於他的選民和使徒有無限的關愛，把他們從埃及的奴役之境解救出來，讓他們可以回到原初祖先之地，但神的考驗卻是嚴格的：摩西的姪子榮膺祭司，但擅自變更儀式，被天火焚身；摩西的大姐和妯娌齟齬，鼓動族人，被罰生了七天的痲瘋；摩西派去探迦南虛實的十二探子，有十個懷疑上帝的許諾，結果得瘟疫而死，他們的族人跟從懷疑，於是所有希伯來人被阻於迦南之外，在曠野流浪四十年，直到老的一代全數逝去；不服摩西權威的可拉與其黨徒或身陷地底、或遭天火燒為灰燼，同情者受瘟疫之災，死者逾萬；即使摩西自己，也因為沒有能夠完美地侍奉上帝，死於迦南的邊境，終身無法進入應許之地。神的心意，是要透過不斷的試煉，來祛除人性中的自私自利、懷疑怯懦、易受蠱惑，甚至口腹情慾，而磨練出他理想中的子民。上帝深知人們「心靈雖然願意，肉體卻軟弱」，因此諸般作為，要堅定希伯來人的信念。這些故事，讓人不由想起孟子所說的：「天將降大任於斯人也，必先苦其心志，勞其筋骨，餓其體膚，空乏其身，行拂亂其所為，所以動心忍性，增益其所不能」，看來神是在對一整個民族，做這樣錘鍊的工作，「祂要打造以色列人成為世界模範國民，由祂直接指揮，永永遠遠作王」。本書從摩西講到參孫，說的全是耶和華和以色列人間的糾結，人不斷地讓神失望，但神永不放棄要引領人回到正道。

如此的聖經故事，讀來當然令人動容，但更有意義的，是吳姐姐隨時不忘記將聖經和中國歷史對話，因此說到法櫃的作用存於一己之心，便引平劇《穆桂英掛帥》中的唱句；講大祭司的胸牌，便提及諸葛亮給劉備的錦囊；描述摩押國王對於失去權力的害怕，就提到漢武帝晚年的巫蠱之禍。這樣把中國歷史和文化中的典故順手拈來，對照《聖經》中的情境，也只有寫過中國歷史故事的吳姐姐做得到。讀者在此不能不一聲歎服。

從故事來瞭解《聖經》，是人人皆可有所獲得的，我便是其中之一。基督徒可以更細膩地感受到上帝的用心，而堅定其信念。不是基督徒的可以容易地進入《聖經》的世界，理解基督信仰的根源，而觸摸到西方人的心靈深處。我多年來做社會科學的研究，深感現在科技發達，大數據似乎能解答一切，然而無論百般探究，所求得的只是現實表面，而無法探知與掌握人的理念與價值，那一塊不是科學能夠解答的。東西方各有其精神，《聖經》便是西方的文化精髓。看不到這一塊，不知道世界為什麼是這個樣，也無法理解和想像未來世界會走到哪裡。感謝《吳姐姐講聖經故事》，我們手中有一便利的鑰匙，可以一探西方心靈的核心殿堂，和基督信仰的終極寶庫。

識於一〇六年五月二十八日

目錄

1. 法櫃掛帥

約櫃是一個裡裡外外，包裹精金的木盒子，代表上帝與子民的關係。由於其中放著上帝手寫十誡的法版，因此又稱之為法櫃。

猶太籍大導演史蒂芬史匹柏曾經以此發揮，拍攝一系列《法櫃奇兵》影片，在一九八一年放映之時，成為冒險動作片的先河。

史蒂芬史匹柏深具使命感，就像他在一九九三年拍攝《辛德勒的名單》，講述德國商人辛德勒在二次大戰期間，開設工廠，拯救波蘭猶太人一般。《法櫃奇兵》的背景也是納粹，描述納粹誤以為擁有法櫃，就擁有神的力量，可以控制世界。

於是，在埃及古城展開激烈的對峙。最後，納粹得手，在獻給自命為基督徒的希特勒之前，法櫃鄭重開啟。

除了厚厚的灰塵，什麼都沒有，也沒有十誡。

突然之間，金光一現，彷彿精靈飛出，射穿在場納粹們的肚腹。接著，雷聲大作，法櫃自動慢慢闔上，一切歸於平靜。

片子結尾，華盛頓高層將法櫃運往內華達州極密倉庫，裡面放著成千上萬一模一樣的木櫃，永遠隱身……

這部電影呈現了法櫃的神祕，雖不足以彰顯法櫃的宇宙奧祕，倒也點出了上帝的原則，法櫃實行上帝的旨意，它不是可以隨便玩弄的阿拉丁神燈。

好，我們現在來看看，真正的法櫃如何？

希伯來人出埃及，上帝的雲柱一路帶領指揮，白日如傘成蔭，夜晚如火柱光暖，晝夜小心呵護。然而，人們對於遠在天邊的一片雲，總覺得不夠踏實。因此，上帝指示摩西，建造實體可見的會幕，隨著帳篷，可以拆可以建。

約櫃是會幕之中，最重要的聖器，是耶和華頭一樣指示建造的，但是卻得等會幕完工，這才著手，以便可以立刻就位。

會幕分三部分，外院、聖所與至聖所。外院是公眾區域；聖所是祭司才可以進入的範圍；至聖所則是神與人相會之處，只有大祭司在每年一度的贖罪日，才有資格進入，把祭牲的血彈在約櫃上面。

約櫃是長方形的皂莢木櫃子，長兩肘半，（約三．七五尺，一．一米，寬一肘半，高一肘半），所謂一肘，基本上是由手肘到中指尖的長度。

約櫃的四圍，鑲著金牙邊，免得約櫃的蓋子滑動。這個蓋子非比尋常，它也是用整塊精金打造，稱之為施恩座或赦罪座，施恩座上有一對基路伯，面對面站立，俯視施恩座，聖經常描述上帝坐在基路伯上面，與人相會。

何謂基路伯，啊，原來是天使，安琪兒。

天使是怎麼來的？聖經中沒有記載。不過，整個會幕，乃是上帝指示摩西建造，基路伯有一雙翅膀，聖潔美麗，天使也會化成人形，來世間傳達上帝的意旨，以色列先祖亞伯拉罕曾經接待天使，天使告訴他，一百歲時，將與九十歲妻子撒拉生下一子，第二年，果然人瑞生子。

約櫃之中，除了上帝親自用手指頭寫的兩塊石版十誡，還有希伯來人在曠野之時，上帝每天供給的糧食嗎哪，以及摩西哥哥亞倫那一根，奇妙地發芽開花的手杖，這手杖還生了花苞，開了花，結了熟杏，用來證明亞倫就是神選的大祭司。

約櫃的四角有四個金環，穿上兩根包金的皂莢木，長十肘，搬運拆卸都有講究，只有利未人哥轄的子孫可以搬運這最神聖的物件，他們雖然榮任搬工，卻不可擅自觸摸觀看，否則，當場暴斃。

上帝就是中國人心目中的老天爺，祂曾說：「我豈會住在人類的手所造的殿中？天是我的座位，地是我的腳凳，你們究竟要為我建造怎樣的殿宇？一切都是我所造的，我都有了，我也不在乎獻祭，而要虛心痛悔。」

神是聖潔的，人們也不許以輕率好奇的態度，任意對待約櫃。約櫃是神的象徵。後來，約櫃曾經掛帥，讓約但河的水自動分開，耶利哥的城牆應聲而倒。以色列人以為擁有約櫃，穩操勝算，有恃無恐，因此離棄耶和華神，轉而叩拜四圍代表慾望的邪神。這就惹得上帝大怒，他們也無力阻止四鄰進犯，連連吃了敗仗。

長老們開會，檢討戰敗原因，沒有從內心反省，竟然動了歪腦筋，「我們把約櫃自會幕中搬出來，抬到前線，這樣一定贏。」結果，約櫃竟然被象徵邪惡的非利士人擄走，還搬到他們的大袞廟中，歡聲雷動。

第二天清晨，他們發現大袞仆倒在耶和華的約櫃前，臉伏於地，趕快把大袞像扶了起來。第二天，更慘，大袞的頭手全在門檻折斷，大袞就滾蛋了，而且城裡的人大大小小全生了嚴重的痔瘡，個個摀著屁股喊燒疼。

巫師們急商，做了五個代表非利士首領的金痔瘡，五個金老鼠，代表五城被毀的田地老鼠，趕緊送還約櫃。

關於約櫃還有許多精采有趣的故事，我們以後一一慢慢道來。中國戲劇中有一齣《穆桂英掛帥》，其中一句「我不掛帥誰掛帥，我不領軍誰領軍。」照中國中醫的說法心主神明，一個人的心就是一個人的元帥，聖經中說「保守你的心，勝過保守一切，因為一生的果效由心發出。」時時省察，自己的心是否合乎神意，就等於擁有無敵約櫃了。

2. 殊榮家族

在中國文字之中，耄（音「帽」），七十曰耄。八十歲、九十歲稱耋（音「跌）」，百歲稱頤，所謂頤養天年。

摩西在八十歲，原該退休之年，奉上帝之命，率以色列人出埃及，一路奔波到一百二十歲，如今還活在天堂，俯視著你我。

一個人年屆八十，卻是輝煌騰達的事業起步，且有充沛的體能可以揮灑，實在是讓人羨慕。不止摩西，他八十三歲高壽的哥哥亞倫，八十六歲老姐米利暗都是上帝愛將。也許因為年輕、敏感、容易受傷、想討人歡喜的青年，尚不足以擔當重任吧。三姐弟都當了人瑞，還在奮鬥，世所罕見。

摩西一家是利未支派的人，利未人是很特別的神職人員，上帝沒有分配土地給利未人，他們的收入來自其他支派，共四十八座城之中，人民的十一奉獻（也就是十塊錢中抽出一塊）。

其中，米拉利家族的人負責搬運、支搭會幕中的豎板、柱子，哥轄族人搬運器具；革順族人負責看管。亞倫最特別，他是第一位大祭司，只有大祭司才有資格，一年一回，在贖罪日，進入至聖所，為人民呈上祭牲的血，他四個兒子擔任祭司，而且上帝規定，只有亞倫的後裔，才能夠接受大祭司、祭司的職分。

夠殊榮了吧？還不僅如此，上帝對摩西說：「你要為你哥哥亞倫製作榮耀華美的聖衣。」而這件袍子，不是任何人都可以擔任裁製，必須是「心中有智慧的，就是神用智慧的靈充滿的人」這才配得。

衣服的質料、樣式，全由上帝決定。祂不但是最偉大的景觀設計師，也是最了不起的服裝設計大師，堪稱藝術之最，聖經中一切設計，在在影響後世。

來看亞倫這一件無與倫比的袍子吧。

第一步，要用金線、藍色、紫色、朱紅色漂亮的線與撚的細麻布，這些高貴的材料製作的一件以弗得，作工精細、鮮麗奪目。以弗得究竟何意，不可考，一般聖經學者公認是一件背心，無袖長衫，分三部分，背心本身、腰帶、兩條肩帶。

接著，拿兩塊頂級紅寶石，把以色列十二眾子，也就是十二支派的名字，刻在紅寶石上，成為肩牌，類似今天軍人肩上的徽章上面刻著名字。

大祭司的榮耀，代表「耶和華所親愛的，必同耶和華安然居住，耶和華終日遮蔽他，也住在他兩肩之中。」肩牌，鑲嵌在金槽之中。

除了肩牌，還有胸牌更為名貴，胸牌掛在大祭司胸前，裡外二層，外層用紅寶石、紅璧璽、紅玉、綠寶石、藍寶石、金鋼石、紫瑪瑙、白瑪瑙、紫晶、水蒼玉、紅瑪瑙、碧玉，每行三個，一共四行，刻上十二支派之名，鑲嵌其上，長一虎口，寬一虎口，約二十二公分。並用純金，絞成如繩子的鏈子，接連胸牌上的金環，不至於鬆脫。

仕女們名牌皮包的如繩般的金鏈，原創在此。

胸牌又稱之為「神諭袋」或是「決斷囊」，讓人想起諸葛孔明交給劉備的錦囊妙計。在三國演義之中，指引劉備脫險。中國古人常用錦製一小袋，用以珍藏寶物或詩稿。唐朝詩人李賀，經常騎著驢，帶著小書僮，背著一破錦囊，每想到佳句，立刻寫下來，投入囊中，所謂錦囊佳句。

大祭司的囊袋，不但只有大祭司使用，而且只有在進入聖幕時，方才佩戴穿著使用。

囊袋之中放著烏陵與土明。

有人說，知道神意，就看烏陵土明是否發光。

有人說，可以藉此聽見神的聲音。

也有人說，胸牌上字母發光，大祭司的臉也亮起來。

烏陵與土明，也許是小石、或籤、或骰子，原文是「光明」與「全備」之意，極可能與中國廟宇之中的陰陽版、擲筊類似，不過，擲筊是善男信女向空中一拋，由兩版落地正反決定，烏陵土明卻是大祭司伸手掏出，推測神意。

以弗得背心之外，尚有長袖外袍，全袍是漂亮的藍色，領口滾邊，袍底以藍色、紫色、朱紅色線為石榴，一個石榴，一個金鈴鐺交替繞成一圈。

石榴是落葉灌木，葉片光滑，花橘紅色，果實紅色，乃巴勒斯坦出品水果，由於色澤美豔奪人眼目，中國人有所謂「拜倒在石榴裙之下」，這兒用來象徵上帝的話語，如同石榴一般甘甜。

金鈴鐺是杯形，錐形中空金屬，內懸小錘，發出清脆響聲，一直到今天，人們仍喜歡用金鈴鐺裝飾聖誕樹。

最後，上帝要摩西製一個金牌，上面刻著「歸耶和華為聖」，意思是大祭司完全屬於上帝，不屬於自己，既代替上帝發言，也在上帝面前代表以色列全體人民，用藍帶子把金牌綁在亞倫額頭之前。

如此，亞倫全身裝扮完成，享受神所賜的榮耀與恩典。但是，殊榮之外且有責任，亞倫袍子金鈴鐺行走有聲，除了提醒此乃神聖禁區，閒人免進，還要告誡大祭司，一舉一動，全按神的規矩，手潔心清，免得受罰，也好讓外面群眾放心大祭司還活著，沒有犯錯被神殺了。

特殊家族，受到特殊禮遇，承擔特殊使命，卻也被上帝更加嚴厲地管教。神職人員是很辛苦的。

3. 高處不勝寒

從世俗的角度來看，摩西的哥哥亞倫，可算是老運亨通，令人豔羨，他以八十三歲高齡，擔任第一位大祭司，四個兒子分任祭司。不僅如此，在利未族中，只有亞倫的後裔，才有資格擔任大祭司、祭司，代代相沿，光耀門庭。

上帝自萬民中揀選了亞倫，帶領人們認識上帝，洗淨罪惡，責任何其重大。亞倫是普普通通凡夫俗子，不久之前，還自作主張鑄了一隻金牛犢代表神，他有何能耐成為表率？

不忙，上帝自有一步一步的改造計畫，讓亞倫一家裡裡外外分別為聖，也就是完全屬於上帝，在各個方面潔淨。

亞倫的就職典禮在會幕門口，以色列全會眾前面舉行，摩西先前已在銅盆裡，用水洗淨了亞倫與他的兒子，希望他們藉著外在潔淨，也具有內在屬靈的潔淨。

接著，亞倫換上聖袍，這與中國皇帝的龍袍大不相同，龍袍表示手握無限大權，聖袍是彰顯上帝的榮耀。然後，摩西用油倒在亞倫的頭上，膏抹他，所謂膏抹，這是使一個普通人、一個平凡人，成為事奉上帝的人，將本來不合格的人賦予能力之謂。

下一步，亞倫與他的兒子，按手在羊的頭上，表示認同、使羊代替自己，承擔罪過，另一方面，按手表示與神和好，與神同行。今天教會之中，也由牧長用手按在新任牧師頭上，舉行按立典禮，表示代表神把恩典祝福賜給為神做事的人，但是不會有一隻活羊，死在教堂之中。

亞倫宰了羊，摩西用盆接血，摩西沾了一點血，抹在亞倫的右耳垂上，右手大拇指上，右腳大拇趾上，代表著，耳朵，聽神的話。大拇指，好好做神工。大腳趾表示走在上帝意旨中，從此不再為己活。為何是右邊？因為以色列人以右邊為權威，和中國人一般。

就職典禮完成，意興風發的亞倫父子，難以掩飾快樂地抖著衣袍，上任了。

上帝立刻藉摩西頒下命令：「你們七天之中，不可出會幕的門，免得你們死亡。」也就是說，七天七夜住在聖所外面院子裡，茲事體大，生死攸關，七是重要數字，希伯來人第八天為割禮之日，婚姻也是以七天為新婚之期。

這一段「門檻期」非常重要，例如蜜月就是如此，一對新婚夫妻結婚之後，立刻離開家人朋友。在此之前，原是獨立個人，蜜月之後，再以夫妻身分回到團體之中。

想想看，亞倫父子，原也是自埃及逃跑出來的奴隸，悖逆頑梗的烏合之眾，這一會兒，成為「祭司國度，聖潔國民」，簡直太不可思議了。

亞倫主持獻完祭之後，從祭壇周圍的台階上，轉身面向百姓，舉手向他們祝福，「願耶和華賜福給你，保護你，願耶和華使祂的臉光照你，賜恩給你，願耶和華向你仰臉，賜你平安。」一直到今天，基督徒仍喜歡用這幾句祝辭。

此時，突然之間，耶和華的榮光顯現，天上出現一把聖火，一下子把壇上的燔祭和脂油燒個精光。

眾民歡呼，俯伏在地，達到最高潮。

此時，亞倫兩個兒子拿答、亞比戶突然興起，各自拿著自己香爐，盛上火、加上香，獻上。

這一段是上帝沒有吩咐的，正像演員演戲之時，自己加戲，也許是希望增加效果出風頭。

但是，上帝也馬上作出回應，天火成為審判懲罰的火，頃刻之間，兩個人就死在聖所之前。

天啊，一下就死了，身體衣服完好，但人如電擊一般冰冷僵硬。

亞倫張大了嘴，想要大哭，摩西馬上制止了他：「這就是耶和華所說，我在親近我的人中，要顯為聖，在眾民面前，我要得榮耀。」

亞倫只有沉默，正如詩篇中所說的，「因我所遭遇的是祢，我就默然不語。」最快樂的時刻，怎麼驟然降到冰點？白髮人送黑髮人，人間之至悲也。

由於祭司不許接近死屍，死屍又不能放在聖處，摩西吩咐亞倫，也是摩西的叔父烏薛的兒子，前來處理後事。

亞倫嘴巴張得大大的，眼圈發紅，摩西又說：「你與其他兩個小兒子以利亞撒、以他瑪不可披頭散髮，也不可撕裂衣服，免得你們死亡，免得耶和華向會眾發怒。」「而且，你們也不許出會幕外的院子送葬。」

亞倫與他的兒子不許悲傷，這似乎太過嚴苛，然而大祭司既代表人民，又代表上帝，亞倫已不再是舊日亞倫，他有一種深刻嚴肅的自我提醒，也有說不出的惶恐害怕，這一刻，突然上帝親口對他說：「你與你子孫入會幕不可喝酒，無論清酒濃酒，世世代代如此，免得你們死亡。」剛剛死了兩個兒子的亞倫嚇得滿口答應，這可不像「酒後不開車，開車不喝酒」可以表面敷衍的口號，上帝是何等認真的神。

摩西說：「以色列會眾可以為耶和華的火哀哭。」神並沒有阻止其他人辦喪事。接下來，亞倫與家人沒有吃屬於他的祭肉，而是在壇上焚燒了，摩西質問，亞倫洩氣地說：「我今天遇到這般災難，再吃贖罪祭，耶和華豈看為美？」

亞倫結結實實挨了教訓，這一分傷痛銘刻在心，也讓子子孫孫以及會眾，絕對不敢輕慢神的教訓。得天獨厚、世代沿襲的恩賜，也有最重的責任，最強的束縛。愈靠近上帝，愈多的恩惠，也有更多確切的順服，真是高處不勝寒啊。

4. 舌尖上的試探

今天吃嗎哪，明天吃嗎哪，後天還是吃嗎哪，這個月，下個月，天啊，整整一年，只見嗎哪。

這是希伯來人在曠野的埋怨，乍聽之下，似乎受到虧待，事實不盡如此。他們原是奴隸，被埃及人虐待四百年，上帝救出他們，派遣摩西帶領前往流奶與蜜之地，既是奶蜜表示物產豐饒。只是旅途中缺乏食物，神白白降下嗎哪，雪白甜蜜薄餅，每日免費供應。並非他們工作所得，而是神蹟供餐。

再說，他們不是沒有機會吃肉，在聖經〈利未記〉中記載，為感謝神而獻的祭牲的肉，要在當天吃完，若是為還願或甘心奉獻的第二天可以吃，但是絕不可留在第三天，這是恐怕天氣炎熱肉壞了。

獻祭的牛羊，必須呈最佳狀態，沒有殘疾的；換言之，次好的，希伯來人可以隨意享用，所以律法中記載了許多五牛賠一牛，四羊賠一羊的審判原則。只是他們生性節儉，牛羊是財產，平日捨不得吃。

另外，初降嗎哪之時，上帝也賜下豐盛的鵪鶉大餐，因此，如果以色列人誠心、信心，懇求耶和華神，神是有能力也可能讓大家打牙祭解解饞。

然而他們卻是再三惡言惡語，怨氣沖天，完全忘記上帝是如何一路保護照顧他們，因此，天上降火，直燒到營邊。百姓怕了，趕快哀求摩西，摩西再求神，火才熄滅，因此這個地方稱之為「他備拉」，希伯來話是焚燒之意。每次怨天尤人，總會烙下火痕。

但是，舌頭是管不住的，因為人心是難以駕馭的，一會兒，總有閒雜人等開始嚼舌：「我們記得，在埃及的時候不花錢，我們可以吃到新鮮的魚肉。」（請注意，「不花錢」三個字，可見得若是捨得，他們是可以殺牛宰羊的。）

沒錯，尼羅河中魚是不少，但是他們得挨苦鞭，或餵了鱷魚，這會兒卻只記得吃東西，「啊，我們那時候還有黃瓜、西瓜、韭菜、蔥、蒜。」說著就哇哇哭起來了。

其實，黃瓜西瓜，一切動植物，不都是上帝所賜「天生萬物以養人。」神要藉食物訓練他們節制。

不料，一人哭，眾人哭，到了後來，所有百姓各人在自己帳篷外面大哭特哭。

摩西怎麼勸，他們還是和小孩子一般賴著哭，「我們要吃肉。」

摩西火了：「人活著就是為了吃？」

眾人回答：「當然。」

「你們寧可為了吃，回去當奴隸？」摩西質問。

百姓異口同聲：「我們想念埃及。」

摩西為了心疼希伯來奴隸，願意放棄埃及王子一切頂級享受，甚且殺了埃及監工，只為同情老奴，被迫漂流曠野四十年，然而這些同胞卻如此不自愛，沒有尊嚴，一天到晚就想著吃肉，無肉不歡，他真是灰了心，耶和華神更是怒氣大發。

摩西做不下去了，他向神請辭，「耶和華啊，我為何不在祢眼前蒙恩，祢竟把管理百姓的重擔加在我身上，這些百姓又不是我懷胎生下來的，祢竟然對我說，把他們抱在懷裡，直抱到應許之地。我要到哪兒去找肉？不如祢把我殺了，免得我看到自己的愁苦。」

摩西雖然也是抱怨，說的倒是實情，摩西的確難為，上帝就答應摩西：「你從以色列長老中，挑七十個你認為優秀的長老官長到會幕前，讓我也賜他們聖靈，分擔你的重任，你再對百姓說，明天吃肉，今日自潔。」

上帝生氣了：「你們哭哭啼啼吵著在埃及好，有肉吃。因此你們不但吃一天、兩天、五天、二十天，甚且整整吃一個月，吃到肉從你們鼻孔裡給噴了出來，因為你們厭棄了神。」

「壯丁就有六十萬啊，難道把牛群羊群全宰了，或是把海中的魚全聚了來？」摩西仍然不放心肉從哪兒來。

耶和華說：「摩西啊，耶和華的膀臂豈是縮短了？你現在看，我的話是否應驗吧。」

第二天，強風颳起，鵪鶉如吸鐵的磁石般，成群結隊飛來，百姓大喜，捕取一天一夜，最少的，也為自己囤積十賀梅珥之多，滿滿地擺列在帳篷四圍，樂壞了。

但是，烤肉尚在齒間，尚未嚼爛，耶和華的怒氣發作，立刻撲殺了帶頭叫嚷的肇事者，這個地方稱之為「基博羅哈他瓦（意思是貪慾之人的墳墓。）」。

耶和華總是不想處罰人，但是，如果祂再不出手，同樣的戲碼會天天上演，摩西招架不住。

英國作家魯益師曾有名言：「貪吃乃誘捕人類靈魂絕招之一，一生都被這類感官享受捆綁，利用口腹之慾，可以挑起牢騷、急切、無情、自私心態……」清心與寡慾是一體兩面。

以色列的始祖雅各，曾經以一碗紅豆湯，輕易騙取哥哥以掃長子名分，貪污納賄總在佳餚美酒中進行。

現代人發現，貪吃自己受害，高血壓、高血糖、高血脂都是抗拒不了舌尖的試探。食品業者為了滿足消費者的味蕾，添加種種有害人體、色香味俱全的化學毒物。於是人們又回頭，追逐有機食物，標榜自然無害，情願選擇「難吃區」。

所謂有機、原味，就是回到上帝製造的真實食材，惟有返璞歸真，靈性才能向上提升，靈魂體是分不開的啊。

5. 嚼舌之禍

唐朝王建有一首〈新嫁娘詞〉是許多人所熟悉喜愛的：「三日入廚下，洗手作羹湯，未諳姑食性，先遣小姑嚐。」描寫新娘子到了婆家，戒慎恐懼，因為摸不清公婆的口味，先請小姑一嚐。

這一位新娘子玲瓏剔透，先和小姑建立良好關係。無論大姑小姑向來是婚姻中的難題。

摩西率以色列人在曠野，一共經過四十二站，在第十站利非訂的曠野，打敗亞瑪力人之後，摩西岳父帶著摩西妻子西坡拉，以及摩西兩個兒子，一起與摩西團聚。摩西大姐米利暗，這才第一次見到弟媳婦。

此時此刻，摩西與西坡拉已經結婚四十年，真是老夫老妻了。懸念了一輩子，剛剛才與摩西重逢不久的米利暗，實在是沒有辦法欣賞西坡拉。雙方套交情已晚矣。

在米利暗眼中，弟弟摩西是曠世奇才，曾經是四十年埃及的王子，希伯來的民族英雄，怎麼隨便娶了一個平庸的曠野女郎，而且還是古實女子，在猶太人心目之中，十二支派才是正統，古實人不值一看。

從利非訂，到第十一站西乃的曠野，十二站基博羅哈他瓦，一路上，米利暗嘰嘰咕咕，咕咕嘰嘰，不斷抱怨「這個不對，那個不對」不時抱著頭喊，「啊，這個古實女子煩死我啦。」

摩西出生之時，法老王要殺光猶太男嬰，摩西母親把小嬰兒放在蒲草箱，擱在尼羅河水淺處，埃及公主河中出浴，發現嬰兒，守候在旁的米利暗趁時閃出，建議找來親生母親約基別為奶媽。從某個角度來看，米利暗還是摩西救命恩人。

米利暗孝敬父母、友愛弟弟，對上帝虔誠，過紅海時一馬當先，率領婦女擊鼓跳舞，深得族人信賴。希伯來民眾抱怨之時，她總是站出來為摩西解圍，八十六歲的米利暗德高望重，乃婦女領袖。

即或是這樣屬靈的女先知，照樣在舌頭上犯了罪。摩西不知道如何回應她的抱怨，只好與大多數夾在婆媳中的男人一般，閉嘴不言。

米利暗見摩西自動消音，很自然地，回頭找大弟亞倫，陳述對小弟摩西妻子的不滿。男人是比較寬容女子的，亞倫便也選擇了閉口。

米利暗生氣了，她將怒火燒到摩西，挑撥亞倫道：「難道耶和華單單與摩西說話嗎？不也與我倆說話嗎？」摩西總是抬出上帝，似乎忘記她是大姐，大姐有大姐的分量，米利暗受傷了。

摩西知道米利暗在嚼舌根，他當然難過，他從來也不以聽到神言而沾沾自喜，別人卻嫌摩西驕傲，他卻要時時提醒自己，不要因人們的臉色而驚惶。

由於耶和華顧念摩西辛苦，派了七十位長老分擔責任，其中六十八位短期間能說預言，過些時候能力就消失了，倒是有伊利達、米達兩人在營中開始說預言。有一位摩西身邊的少年人，著急地跑來報告，約書亞也說：「我主摩西，趕快禁止他們。」

摩西卻笑了起來，「你因我的緣故嫉妒人嗎？我倒是寧願所有百姓都受感說話，聖靈降在每個人的身上。」

摩西的胸襟是何等寬大，他完全只是謙卑榮耀神名。

上帝卻生氣了，因為米利暗是個領袖，她一向熱情洋溢，堅決表現自己想法，在自己與別人中間不斷喚醒信仰力量，因此，當她跌倒犯錯，不僅挑撥兄弟感情，也會在盲目群眾之中，擴散對摩西的不滿，後果將會不堪設想。

上帝突然發聲，「摩西、亞倫、米利暗三人出來。」接著耶和華駕著雲彩降臨：「你們中間如果有先知，我會在夢中與他說話，摩西是世上最謙和的，最盡忠的，我與他面對面說話，你們膽敢毀謗我的僕人摩西，你們不怕嗎？」

接著，雲彩自會幕上方離開。神既開了口，不又證明上帝也對亞倫、米利暗說話，又可讓米利暗拿來誇口嗎？

亞倫一回身，看到米利暗，突然大叫：「啊，妳長了大痲瘋。」

米利暗也發現，身上的肉開始轉白潰爛，嚇得大哭，這是當時人最怕最毒的病症。

亞倫急哭了：「摩西啊，我主啊，不要因我們犯罪，讓大姐成半爛的死胎。」

摩西也驚恐萬分，高喊：「神啊，求祢醫治她，求祢。」

耶和華開口了：「若米利暗父親吐唾沫在她臉上，他也要蒙羞七天，現在把她關在營外七天，才許進來。」

因為米利暗被罰關禁閉七天，這七天百姓全軍停止行進，對一向自視甚高的米利暗而言，真是生平大羞恥。不過幸虧，大痲瘋只有七天，還有她一發病，二個弟弟當場急哭，證明真是愛這個姐姐，也讓她頗為心暖。

接下來的七天，米利暗安靜下來，讓神洗滌靈魂，她也醒悟，摩西曠野四十年，也靠妻子西坡拉援救，西坡拉何嘗不是摩西救命恩人呢？她這個姐姐，不該讓弟弟為難。

再說，親身經歷上帝的管教、醫治，她更明白，何以摩西凡事尊崇神。所謂謙卑，不是故意表面謙虛，而是明白，一切來自神，自己不值得誇耀驕傲，謙卑是意識到，神是一切，遂讓路讓神真正成為一切。

活到老、學到老，米利暗活生生學了一課。

6. 台階上的引誘

西哲有云：「人若敢說，世界上沒有邪惡，這句話就是最大的邪惡。」邪惡，總是輕悄悄入身的。

在聖經舊約出埃及記之中，記載了讓人費解的一段律法：「你若為我築一座石壇，不可用鑿成的石頭，因你在上面一動家具，就把壇污穢了，你上我的壇，不可用台階，免得你露出下面的身體來。」

打從挪亞出了方舟，就用幾塊大石頭，拿各類潔淨的牲畜、飛鳥，獻在祭壇上為燔祭，紀念神的恩典。一直到今天，基督徒仍用祭壇二字代表與神交流。

問題是，為什麼不可用鑿成的石頭？樓房大廈，處處都是台階，動一動家具，又有什麼關係？

翻開當時的歷史背景，我們就知道上帝用心良苦了。

上帝呼召亞伯拉罕之時，曾經應許要賜給希伯來人迦南美地，流奶與蜜之地，奶代表畜牧業，蜜象徵農業。但是，上帝又說，要等四百年，直到那地方惡貫滿盈，於是乎希伯來人在埃及當了四百三十年奴隸。

迦南人在山谷深處，岩石裂縫（當地岩石甚為巨大），森林樹木之下，或是高山之頂進行所謂宗教儀式，宗教儀式包括崇拜男女性器官的木雕，以及與女祭司同寢。因此女祭司需要特大號的床，女祭司的數目也遠超過男祭司。

如此這般，生下許多父不詳的私生子，他們就把無辜的孩童，獻給巴力神，活活燒死。萬惡淫為首。身體、道德、靈性完全崩壞。

食色性也，上帝知道希伯來人容易受迦南人引誘，因此律法之中有一條：「你若為我築一座石壇，不可用鑿成的石頭，你上我的壇，不可用台階……」

由於米吉多一帶的邱壇，都由鑿出的石頭堆砌而成，因此，摩西律法禁止老百姓用這種方法設祭壇，免得被所謂「聖妓」勾引。聖妓在台階上方等候著。

另外，聖妓常穿上男服，雌雄莫辨。神造男造女，男女有別，混亂之中易入淫猥，迦南人甚至閹割男童，成為供人玩弄的童妓，真是邪惡。

由於台階上的妓院，居然披上宗教的外衣。迦南人且認為與神廟中的娼妓有了性關係，可以使土地肥沃、五穀豐收，畜牧繁盛，難怪神廟生意興隆，香火鼎盛，人們深陷其中，墮落沉淪。

所以，耶路撒冷的聖殿祭壇，以斜坡而上，捨去台階，祭司去祭壇，也穿上細麻布長褲。絕不是鑿石、台階有什麼不對，而是區別正邪。

同樣的道理，律法中規定，不許把羊羔放在羊母奶中煮熟，看不出什麼理由，原來，這是迦南人求降雨的儀式。

還有一條律法很特別：「不可用兩樣攙雜的衣料做衣服、穿在身上。」現代人的衣服，豈有不是混紡的，還有許多化學成分，甚且用寶特瓶為原料製衣，豈不全違背律法，難怪有人誤以為，這些不合時宜的律法不必遵守，舊約也可以擱置一旁了。

然而，所謂石頭、羊奶、衣料全是表象與比喻，重要的是內涵與精神，上帝要強調的是遵守十誡，切勿近墨者黑，受到污染。所以在聖經新約之中，耶穌才會說：「律法的一點一畫也不可廢。」耶穌講新約，祂是假設人已經瞭解舊約的前提之下說的。

經過了一年多的艱苦旅程，大隊人馬從基博羅哈他瓦到哈洗錄，再到巴蘭曠野的加低斯，摩西心想：「啊，的確是大而可怕的曠野。」終於來到了加底斯巴尼亞，也就是迦南之地，應許之地的南界了。

遠遠望去，一片綠油油，啊，綠得真漂亮，所以眼科醫師說，綠色對眼睛好，大家霎時眼前一亮，摩西大呼：「看哪，耶和華已將應許之地擺在眼前，上去吧，不要懼怕，不要驚惶。」

眾人卻站住了，不敢向前，面露疑懼，「這個地方太美了。」

太美不好嗎？是的。

晉朝之時，有一王戎，極為聰穎，乃竹林七賢之一。幼時，王戎與朋友玩耍，見一果樹，纍纍結實，鮮豔欲滴，紛紛上樹。

王戎動也沒動，等到小孩子爬上了樹，著急地吃了果子，「呸呸呸」全吐到地上，又酸又澀又苦，而且一陣陣反胃，掃興地下了樹，詢問王戎，「你未卜先知嗎？」

「樹在道旁，若是甜美，豈容你我上樹？」

日後，王戎積財無數，他到底是精算師。

希伯來人都是很王戎的，因此爭先發表意見，不肯輕易向前，裹足不進，集體跑來見摩西，「我們不如找幾個探子前進窺伺一番。」

按照人的道理分析，他們的考慮是對的，但是照著神的應許而言，神的話說是就是，說不是就不是，祂既然應許，一定實現諾言。否則，眾人何以過紅海？

摩西無奈，只好說：「好吧，我們就一個支派找一人，一共十二個探子先去看看吧。」

這一去，就注定了後來的失敗。

我們究竟要從神的眼光，觀看困難；還是透過困難，衡量神的能力？就要看對神的信心嘍。

7. 蚱蜢心態

翻開早報，十一名惡少聯合凌辱八歲女童。這不是邪惡是什麼？如果真有一位上帝，祂的眼目不是遍察各地，為什麼坐視不管？

答案很簡單，上帝當然有超能，祂一張口，世界就成了，也可以毀了。但是絕大多數時候，上帝要人類自己負責，祂會玉成，所謂天助自助。

迦南人殺了四百多年的孩童，用來祭拜邪神。上帝下令，派希伯來人打擊魔鬼，並且賜予迦南流奶與蜜之地。奶是必需品，蜜是奢侈品，一直到今天，不攙糖的純蜜價格昂貴。摩西知道，天下沒有白吃的午餐，勢必需要一番苦戰。

他對十二個探子吩咐：「你們去瞭解當地的居民、防禦、土地、出產、樹林，膽子大些，撿一點水果回來，現在正是葡萄成熟時刻。」

於是乎，十二探子從南地上去，到了希伯崙，那可是亞伯拉罕曾經居住之地，過了四百年，他的子孫果然來了，上帝的話說一不二。

他們還來到「以實各谷」，意思是「一掛」，這兒的葡萄肥美碩大嚇人，砍下一掛，竟然要兩個人才扛得動。另外，又帶了石榴、無花果。全是特優上品。然後，繼續上前，一直到哈馬口，沿途迦南城邑都有堅固城壘，過了四十天，一行人回來了。

走在隊伍前頭的，正是雙人扛的一掛葡萄，鮮豔欲滴，不知有多香甜，他們對摩西說：「這是當地水果，的確是流奶與蜜之地。」

眾人都為之興奮。「不過，」沙母亞說：「那兒居民強壯、城邑堅固，亞衲族人、亞瑪力人、耶布斯人、亞摩利人，嗯，一個比一個威猛。」

另一探子迦勒，正氣堂堂插話：「我們立刻出發，奪得那地，勝利一定屬於我們。」

迦勒是希伯來語「犬」的意思，他的確也是勇敢無畏，願意為神、為民族效犬馬之勞的壯士。迦勒永遠記得，在與亞瑪力人征戰之時，摩西舉手，希伯來就大贏，他相信神，尊敬摩西。當時殺了亞瑪力王的約書亞也拍胸脯：「弟兄們，不要怕。」

「呸」，十二探子中的沙法、亞米利立刻啐了迦勒一臉，誇大地說：「各位，我們在那兒看到的人都高頭大馬，尤其亞衲族人都是巨人，和他們比起來，你我只是蚱蜢。」

「蚱蜢」立刻成為會眾話題，百姓個個痛哭，又開始像潑婦罵街一般，扠起腰來抱怨：「呵，巴不得我們早死在埃及或死在這曠野，我們還不如回埃及去。」

把自己比喻為蚱蜢，未免長人志氣，滅己威風。其實，蚱蜢也很厲害的，雖然個頭嬌小，身體肥厚，翅膀短直，但是，當牠聽到沙沙樹梢一響，算準時間，乘風而飛，可以一躍身高二百倍，堪稱跳高冠軍。

迦勒急了，撕裂衣服表示決心：「各位，我們窺探之地，的確極美，耶和華若是喜悅我們，必將我們領進那地，把地賜給我們，大家不要害怕，他們是你我的食物。」

自認為是蚱蜢的會眾蜂擁而上，高聲喊著：「來啊，把迦勒、約書亞用石頭打死。」

真理永遠存在少數人手中，真正掌握真理的是上帝，上帝不是虛無縹緲的禪門公案，祂的判決犀利直接。耶和華的榮光突然在會幕出現。

上帝明白地告訴摩西：「我在他們中間行了如此多神蹟，他們還十次試探我，這些藐視我的，一個也看不見我要賜的應許之地。」上帝真是痛心，明明是必勝之仗，為何縮頭藏尾，祂第二回想捨棄百姓，只讓摩西與後裔進入，成為大國。

摩西最可愛，當他個人與神有了生命關聯，儘管百姓無情無義，他卻努力幫助人們進入合神心意的生命。他的再三求情，上帝再次心軟，作出最後判決：「凡二十歲以上的男子，向神發怨言，認為好死不如賴活的，就在曠野漂流四十年，窺探迦南地四十日，剛好抵四十年，直到屍首在曠野消滅，但是婦人孩子可以進入迦南。」

其中惟有約書亞與迦勒得以進入迦南，上帝又特別表揚迦勒：「我的僕人迦勒，因為他與眾不同，他另有一個心志，他專一跟從我，我會把他領入他去看過的迦南，他的後裔也必然昌盛，得那地為業。」

至於其他十個探子，回來報惡信，向摩西發怨言的，就在聽到宣判之際，全身起了瘟疫，「砰砰砰」一個一個應聲而倒，當場死去。

因此，千萬別說，上帝沒有能力處置邪惡，不是不報，時候未到。

四十年耗在曠野、直到老死，也算一種無期徒刑了，以色列會眾想了一晚，跑來對摩西說：「我們有罪了，情願上迦南。」

摩西嘆了一口氣：「這事不成了。」「來不及了。」

摩西又恐怕他們硬闖，警告道：「耶和華不與你們同在，你們必倒在刀下。」

果然，一夥人非幹一場，也不管約櫃沒有同行，三兩下，被迦南人痛擊，退到何珥瑪。

一直到今天，以色列旅遊局的標幟是，兩人合扛一掛超級葡萄，一方面是邀請大家前往奶蜜之地，一方面也提醒自己，勇敢迎戰！記取十位探子的下場。別再妄自菲薄當蚱蜢。

8. 白髮未除豪氣在

白髮未除豪氣在。這是宋朝陸游的詞，用在摩西身上再合適不過了。上帝是絕不會逃避，祂要完成的總得成功，祂會堅持到底，摩西也一直忠心，不負所託。

由於希伯來人怯戰，原本十一天可以出曠野的行程，整個癱陷在加低斯。經過了四十年，這一代凋零死亡，下一代興起，仍然沒有反省，只是一個勁兒糾結在爭權奪利當中，有事沒事總愛喋喋不休抱怨個沒完。

其中幾個帶頭的名嘴，包括哥轄的孫子，以斯哈的兒子可拉，以利押的兒子亞比蘭，以及比勒的兒子安等人。其中鬧得最凶猛的就是可拉。

說起來很可嘆，哥轄是利未族，摩西、亞倫也是利未族中哥轄子孫，真可謂同室操戈了。

由於上帝規定，亞倫擔任大祭司，亞倫兒子為祭司，後代世襲，一如直到今天，孔廟祭祀向來由孔家人擔任。

以色列十二支派之中，利未族是專門挑出來，終身事奉上帝，當帳幕搬遷之時，亞倫和兒子必須親自打包，進入聖所，把約櫃前面的帳幔取下來，蓋在約櫃上面，再覆蓋一層海狗皮，又蒙上純藍毯子，然後把槓子穿過去。包括祭壇中的一切附件火鼎、火鉤、火鏟、火盆都是如此鄭重包裹。

哥轄宗族的人不可進入聖所，不許碰觸沒包好的聖器，否則立刻死亡，上帝規定的次序、位分，絲毫馬虎不得。

可拉對此深表不滿，他特別覬覦摩西、亞倫的職位，因此聯絡以色列二百五十個有名望的首領，一同起來炮轟，聲色俱厲地指責：「摩西、亞倫你們擅自專權，會眾個個聖潔，耶和華也在其中，你們憑什麼高人一等。」

摩西平靜地望著這群兒孫輩，心想，若不是上帝帶領，孩子們豈不都在埃及當奴隸，飽受皮鞭之苦嗎？摩西沒有指責可拉黨忘恩負義、畜牲不如。十九世紀著名的英國神學家邁爾形容得好：「摩西就像一個母親，當她小嬰兒發脾氣時，用小拳頭捶打她胸前時的態度。」

摩西和藹地對可拉說：「你們明天拿著香爐來，盛著火，加上香，耶和華會有所指示。」又勸慰道：「神從會眾中挑選你們出來辦事，親近神，亞倫算什麼，為何向他抱怨？」

摩西又打發人邀請大坍、亞比蘭，他倆賭氣道：「我們不來，摩西啊，我們本來在埃及，埃及就是流奶與蜜之地，你把我們騙了出來，要在曠野殺我們，還要自立為王，管轄我們，並且你也沒有把我們領到流奶與蜜之地，也沒有把田地、葡萄園賜給我們，我們不來，免得被摩西剜掉眼睛。」

原來，抹黑、造謠、不實指控不是選舉特產，任何人想煽動群眾，奪取權力，就會成為撒旦魔鬼的奴隸。

摩西這一顆慈母的心好痛，他撫著胸口說：「啊，我沒有害過他們一個人，沒有奪過他們一匹驢。」

還好，摩西有上帝，他知道，他有大使命，他知道，整個天堂為他撐腰。當煩心時刻，就像現代人把手機關機，暫時不聽音訊，他刻意把感情轉向神，獻上感恩。

中冤在主，摩西知道，除了上帝，摩西沒有可以依靠的，正因為完全倒空，讓上帝的力量不斷湧入，一百多歲的摩西，眼目沒有昏花，精神沒有衰敗，任憑歲月悠悠，摩西仍舊俊美好看，比年輕時代更深刻，也更青年。

這一夜，摩西睡得安穩，生命之中，不是所發生的每一件事，全是神的旨意，有人說，若非神允許，神有阻擋的能力，沒錯，不過神不一定會阻止，否則人類學不到教訓。一次又一次，摩西深信，上帝會陪著他一同面對衝突。

第二天早上到了，可拉黨招聚全會眾，一起來到會幕面前，臉露凶光，準備三兩下奪取摩西、亞倫的命，可拉黨就可以全盤接收了。

這時，耶和華的榮光顯現，神曉諭摩西：「你和亞倫離開會眾，我要在轉眼之間把他們滅絕。」

上帝原希望下一代成材，不料，更糟糕，祂真是失望了，天父發威了。

摩西就像一個媽媽，儘管忤逆子要置母親於死地，還是捨不得地代為求情：「萬人之靈的神啊，一人犯罪，就要向全會眾發怒嗎？」

事實上是全會眾都是盲目群眾，輕易受到蠱惑。不過上帝還是答應摩西：

「好吧，那你吩咐會眾迅速離開這三人的帳篷，免得和惡人一同被消滅。」於是眾人爭先躲避。

可拉、大坍、亞比蘭帶著妻子、兒女、小孩一同站了出來，在自己帳篷門口，還是那一副天不怕地不怕的狠勁。

摩西嘆了一口氣：「我從來不擅自專權，這一切都是耶和華打發我做的，如果地開了口，把他們吞了下去，大家就知道，這些人藐視上帝了。」

話還沒說完，這群人腳下的地，突然開了大口，把他們、他們的家眷、財物、帳篷全墜了下去，一剎那之間，地口在上頭照舊闔閉，這些人就一下子被活埋了。

「地震、地震」，大家一塊奔跑，又不知該往哪兒奔，誰知這地震是跟人跑的，最奇怪的是，天火發威，不偏不倚，那二百五十個拿著香爐的可拉黨徒全身著火，成為灰燼。

科學家對海嘯地震的解釋，全是根據地形土質風向，但是為什麼在某一時刻發生，始終是謎，卻忘記上帝才是氣候的掌握者。

9. 跨越時空的神蹟

如果說，「猶太人是世界上最聰明，最不容易被欺騙的民族之一」，這一句話，大概大家都會同意。

那麼，猶太人相信世界上有神蹟嗎？凡是真正猶太人都會同意，事實上，舊約就是上帝不斷證明神蹟的歷史。

其實，猶太人也不是一開頭就相信神蹟，天降嗎哪，這是神恩典的神蹟，很容易接受。天打雷劈，卻是神公義彰顯，何嘗不是神蹟，人們卻不肯接受。

上帝好像畫了一個圓靶，將可拉黨、他們的家眷、財物全被地震活埋，這是何等可怕的神蹟。

神處罰人都是被逼不得已的，祂對摩西說：「你吩咐亞倫的兒子以利亞撒，把那些犯了罪，自害己命的可拉黨人的香爐拿來，叫人錘成片子，包在祭壇外面，這些香爐曾經獻給耶和華，是聖潔的，並且可以給以色列人當作記號。」

上帝的意思是「以昭炯戒」，也表示只有亞倫及後裔可以接近聖壇。

好，可拉黨人只剩下香爐，被剝了皮包在壇上，以色列會眾還不知死活，又有名嘴放謠言：「怎麼可能這樣巧合，可拉黨的人全死光了，連財產也沒有留下來，只有一個可能，被摩西、亞倫給殺了，給吞了。」

群眾是盲目的，一點也不錯，孔夫子那一句「民可使由之，不可使知之」的確確有道理。人民如果不守天道，濫用民主十分可怕。二〇一五年希臘經濟危機，最重要的原因，就是大多數民眾傾向賴債，公務員還為此罷工，就是最佳例證。

沒有誰是喜歡被約束的，既不想被摩西控制，也不希望上帝管太多，我行我素比較快樂。因此他們一起衝到摩西面前，個個舉起拳頭高喊：「啊，摩西、亞倫殺了耶和華的老百姓了，我們要為可拉黨人討公道來了。」

忍受不白之冤，大概是領袖的必要條件之一吧。摩西還來不及禱告，耶和華的榮光已經顯現，祂下令：「你二人離開這些會眾，我好在轉眼之間，把他們全部給滅絕。」

摩西、亞倫嚇得俯伏在地，摩西趴在地上，轉臉對亞倫說：「快，用最快的速度，去拿你的香爐，把壇上的火盛在其中，再把香給點著，帶到會眾中間，因為耶和華的忿怒發作，瘟疫已經開始大流竄了。」

摩西話還沒說完，馬上有百姓倒地而死。亞倫的香爐畢竟是大祭司的香爐，當他照著摩西的吩咐而行、捧著香爐放在一群活人與死屍中間，瘟疫就止住了，但是因此而死的已有一萬四千七百人。

聖經上說，信的人必有神蹟奇事發生，神蹟從來沒有停止過。

奧古斯丁是古教會最聰明的思想家（三五四—四三〇），他在名著《天主之城》之中，記錄當地稅務局長依雷納之子，生了重病而死，出喪之時，朋友抹油禱告，兒子活了起來，又有一歐西奴將軍之子，經過流淚祈禱後，死而復活，他曾說，只寫醫治，不寫別的，他就可寫出汗牛充棟的太多書稿。

奧古斯丁還講了一件，他在擔任主教期間的奇事：有一個母親，生了七男三女，父親過世，母親守寡之時，被孩子嘲弄，一氣之下，詛咒他們會受到最嚴厲報應。於是，孩子們的身體開始不由自主晃動。

其中兄妹二人哥哥保祿，妹妹巴拉蒂亞，每天到聖斯德 旺教堂懺悔，懇求神的寬恕，因為這是醫生從未見過的罕見病。

到了復活節早晨，哥哥一面禱告，一面抖啊，抖啊，手腳抖個不停，突然倒地，雙眼緊閉，卻停止顫慄。死了嗎？睡了嗎？病了嗎？有人想扶，有人阻攔，鬧成一團。

過了一會兒，青年人自己站了起來，好了，完全正常了，全場轟動，高唱「感謝天主，頌贊天主。」

復活節後三天，奧古斯丁見證此事，兄妹站立，哥哥痊癒，妹妹仍是手腳不聽使喚，抖抖抖，一直抖動著。剛好證明，哥哥原先也是這副慘相。

禮拜之後，妹妹趕快也去懺悔，接著，也睡去，也醒來，也不抖了，男男女女高聲狂喊，幾乎衝破教堂。

奧古斯丁認為，自己有責任寫出此事原委。

神蹟跨越時空種族，華人社會的神蹟不勝枚舉。

例如在二〇一三年三月，同樣是復活節，也在教堂，一對母女，一樣的美麗，一式的打扮，雙雙上台，一鞠躬。

媽媽晶華，女兒以琳，以琳生下來時，碰到肩難產，醫生硬拉出來，右手臂虛懸，正如你我認知，神經斷掉，終身無望，領到殘障證明。

晶華不死心，帶著女兒從小復健，注定無效。以琳三、四歲時，母親被迫離婚，又被倒了債，沮喪失望中到了教會，慢慢活回生命。小女孩也學會了禱告，天天求耶穌「醫好我的右手。」可憐的以琳，在幼稚園中，總是因為姿態怪異被同伴嘲笑。

二〇一二年七月，母女來到醫治特會，在一位同工姐妹代禱中，以琳硬僵的手臂，竟然點石成金般變軟了，可以伸直了。

此時舞台上的以琳，笑一笑，有點害羞，又忍不住欣喜，右手高舉揮動，左手捏著裙襬，彷彿在唱〈天上有個小星星〉一圈圈唱著旋轉著，螢幕上同時映出，以琳原先喝湯的窘態，以及醫治當天早上，幼稚園復健巡迴師開出的證明，「以琳右手無法伸直高舉，重心不穩，老師多注意。」當場掌聲雷動，每個人的心靈都汲飽了上帝滿瓶的愛。

神蹟肯定是存在的。這是我親眼目睹的。

10. 痛苦中的救生圈

一名失業男子，在車站電扶梯，連續砍傷四位旅客。遭到逮捕之後，他的臉上露出一抹奇詭的微笑，彷彿在說：「啊，我如此痛苦，很高興看到大家都驚懼痛苦。」

可想而知的是，他未來人生更悲慘了。

現代心理學者，喜歡探討一個人的原生家庭，這名男子的犯罪遠因乃是，童年之時被父親拋棄，憤而發洩。

父親不負責任，母親很早過世，這些都是不可彌補的傷痛，也是人世之間經常發生的不幸，的確是存在的。絕非一句萬事皆空，想開一點就能安慰人心。

可幸的是，聖經中有一句話，「我父母離棄我，耶和華必收留我。」

耶和華在何處？祂怎能減輕人們傷痛？

英國著名牧師葉光明，在第二次世界大戰之時，被派往埃及，在一片沙漠之中，除了塵土，只有石頭，除了石頭，只有塵土，在那兒待了三年，他悟出上帝為何要希伯來人去一趟曠野，在生存不易的困難狀態下，消除對人生的錯誤期待，明白人定不能勝天。

即使在曠野，上帝行了許多神蹟，希伯來人還是躍躍欲試，再三挑戰神的權威。因為人天生有慾望，有對金錢、權力的貪婪，必須重複學習，才能乖乖回到神的懷抱，享受平安喜樂。

那麼，上帝究竟在哪兒？祂對摩西說：「你曉諭以色列十二支派，每派拿出一根手杖，上面寫著首領的名字，放在會幕的法櫃之前。」

眾人遵照辦理，第二天奇蹟出現，利未族亞倫的手杖竟然發了芽，生了花苞，開了花，還結了熟杏，上帝且說：「來，把這根杖放在法櫃前，給背叛之子留作記號。」此事證明了上帝無所不在，亞倫是祂任命的，律法是必須遵守的。

以色列民眾嚇得眼珠幾乎墜地，個個抱頭大喊：「啊，我們要死啦，要滅亡啊，可怕啊！」

上帝是慈愛的，也是傳統中國人心目中的嚴父，又像認真負責高標準的教練。當孩子長大，很容易避開不苟言笑的父親，直到痛到受不了，方才想念爸爸的膀臂，開始謙卑。

奧古斯丁的《懺悔錄》是最著名的尋父記，奧古斯丁堪稱古代教會最偉大的思想家、宗教家與文學家，他生於西元三五四年，小時候的他，只想快快逃開上帝，雖然他虔誠的母親，希望他從母奶之中吸進基督，他卻是母親之痛。

奧古斯丁在書中坦承，童年時代曾經嚮往偷竊與罪惡，他和幾個小壞蛋，看到一株梨樹，果實並不吸引人，但是他們想犯罪。到了深夜，採光樹上梨子，非為可口，隨意吃了幾個，全部拿去餵豬；非為生活所逼，只是厭棄正義，只想破壞規矩。

他自承「愛墮落，愛自己的缺點，憎恨讀希臘文，不願意被迫學習。」最糟糕的是，在十六歲左右，瘋狂放縱情慾，滋長各式各樣黑色戀愛，分不清什麼是晴朗的愛，什麼是陰沉的情慾，還經常慚愧自己不如同伴的無恥，因而捏造一些沒有的情史。

奧古斯丁的母親莫尼加是個很特別的女子，從小懂得依靠上帝，她的丈夫巴特利西烏斯，心地善良，卻容易發脾氣，莫尼加總是一派溫婉，等到丈夫的火熄滅了，她才慢慢敘述理由。她的許多太太朋友們，相聚聊天往往批評丈夫，莫尼加總是半開玩笑勸阻。凡是受她指教的，後來都夫妻和好。不聽勸的，繼續吵鬧。

即使莫尼加的婆婆，後來也被她的溫柔感動，而且處罰挑撥是非的女僕，從此家人和睦。

這樣的一位慈母，對奧古斯丁憂心如搗，她再三在兒子耳邊提醒：「不要犯奸淫。」但是父親則聳聳肩，不當一回事，只認為兒子長大發育了，而且非常得意奧古斯丁嫻於詞令，雄辯滔滔，擅長文學哲學。風頭之健，讓父親欣喜不已。

辯論高手對於莫尼加的勸告，視之為婦人嘮嘮叨叨，如果聽從這樣嘵舌的話是可恥的，從十九歲到二十八歲，奧古斯丁打著自由學術，四處教授雄辯學，並且與一女子同居，生下私生子。

莫尼加痛哭，哭得似乎比死了兒子還傷心。有一度，她氣到不許奧古斯丁與她同桌吃飯。

有一天，莫尼加作了一個異夢，在夢中，看到自己站在一條木尺之上，前面來了一位光彩萬丈的青年，好心問她：「莫尼加，妳為何天天哭泣。」

莫尼加告訴青年原委，青年笑瞇瞇道：「放心，妳在何處，奧古斯丁也在何處。」

第二天，莫尼加講給奧古斯丁聽，奧古斯丁馬上笑著說：「是啊，媽媽，我在哪兒，妳也在哪兒。」

莫尼加馬上撕破兒子的雄辯：「不對，那青年是說，我在哪兒，你也將在哪兒。」

莫尼加知道兒子善辯，等閒知識分子總會敗在他手下，因此找了一位主教，懇求他與奧古斯丁對談，主教說：「目前，奧古斯丁不肯受教，由他去吧，他自會在書本之中，發現自己的狂妄與錯誤。」

莫尼加繼續哭泣，央求他千萬與奧古斯丁一談，主教嘆了一口氣：「妳為兒子流了這許多眼淚，這樣的兒子是不可能死亡的。」

這一句話，彷彿來自天國，莫尼加又振奮了。在痛苦之中，在瀑布急湍中，她緊緊抓住上帝的慈繩愛索，好像生命中的救生圈，她相信一如亞倫的木杖開花，遲早兒子的人格要綻開新鮮花朵。

11.一位知識分子的奇遇

人類經由男女精卵結合，繁衍下一代。然而耶穌的母親瑪利亞，她是因為聖靈感應，童女生子，完全不合乎科學，這讓許多知識分子沒有辦法接受基督信仰。

拉丁文學文豪奧古斯丁（三五四—三九五），知識界的巨擘原也如此，他認為聖經與西塞羅的文學相比，不能不說遜色，更不能譽為真理，他追求獨立思考。

奧古斯丁的自負是有理由的，他是不折不扣的天才，無師自通，輕鬆自學文學、哲學、辯論、幾何、音樂、數學，無一不精。

許多博學用功的學者，遇到書本上的疑難，前來請教奧古斯丁，他總能一一答覆，而且學者中間最優秀的，也不過是最早聽懂奧古斯丁的解釋。

因此，奧古斯丁更加狂妄，經常對基督教吠聲，他傲世的才華，不羈的熱情，堅決反對進入上帝的框框，知識分子豈可被輕易控制？不過，上帝總是有辦法，讓人回眸見到神，一如摩西時代的以色列人。

以色列人曾經沒有求告上帝，被何珥瑪人擊敗。後來央求上帝，又大獲全勝，何珥瑪三字就是毀滅之意。

當人得勝之後，非但不感謝上帝，反而對環境更不耐煩，脾氣暴躁，一下子怨天尤人，憤怒曠野艱辛，一下子吐著舌頭，「呸呸呸，嗎哪淡薄無味。」

其實，每一次以色列人的抱怨，上帝都答應他們的要求，只是他們不應該用這種惡劣的態度。

於是，上帝派出火蛇鑽入百姓，毒蛇已經夠可怕了，火蛇是毒中之毒，被咬一口，注定無救，沒有任何解藥。

於是，人們懺悔了，跑到摩西前面認罪：「我們不斷埋怨對我們有恩的耶和華，慘了，請你為我們禱告。」

上帝很有意思，命令摩西：「製作一條銅製火蛇，掛在杆子上，百姓只要被咬的，回頭一望銅蛇就活了回來。」讓被咬一口的，還有得救的機會，也讓沒被蛇咬的，警惕上帝的處罰有多麼恐怖。

這也正是新約中耶穌所說的：「摩西在曠野怎樣舉蛇，人子也必照樣被舉起來，叫一切信祂的，都得永生。」凡是回頭是岸，向耶穌懺悔，罪得赦免。

不久，奧古斯丁被火蛇狠狠咬了一口。

他交到一個好朋友。須知，如奧古斯丁般才華洋溢，除了稍微風流，堪稱品學兼優的秀異分子，很少看得起一般同儕。現在，他得到一知己，覺得無比甜蜜，雙方投契。

由於奧古斯丁辯才無礙，很快地，他的知己本是基督徒，也放棄了信仰，改而追求自己個人價值，兩個人快樂地過了一年，目空一切，得意洋洋。

一年之後，強壯年輕的知己突然病倒，發著高燒，久久不退，進入昏迷，在不省人事之時，有人為他洗禮。

奧古斯丁知道了，大為憤慨，認為這是卑鄙，他一直在想「等朋友醒過來，好起來，我一定要告訴他這件荒唐事，讓我們好好嘲笑一番，他也一定同意，受洗是件幼稚的蠢事。」

當知己醒過來，奧古斯丁馬上以朋友忠誠，一五一十告訴了知己，他原以為知己會仰天大笑，想些尖刻的話語，諷刺教友的愚昧。

不料，知己竟然瞪著奧古斯丁，彷彿他是仇人一般，警告著：「你如果願意與我當朋友，就不許再說這樣的話。」

奧古斯丁一陣愕然，努力壓著情緒，安慰道：「好好養病，恢復精力。」他心想，等知己好轉，可以再向知己洗腦。

不過，奧古斯丁的瘋狂計畫沒有實現，不久，知己死去。奧古斯丁痛苦萬分，他不明白，何以其他人活著，何以他所愛、這般年輕的知己會死去，他的眼睛到處找、找不到知己，熟悉的家鄉成為一種刑罰，他逃離老家，到了迦太基。因為當地青年不好好讀書，又來到羅馬。

他後來回憶，表面上他是讓人敬重的雄辯教授，卻帶著一生對神、對人、對別人犯的罪走向地獄，迎面而來的是上帝疾病的鞭子。

他發燒了，愈燒愈高，幾近死亡，醫生束手，奧古斯丁心想，如果猝死，必入地獄。但是，「上帝啊，祢會看到母親日夜的禱告。」奧古斯丁的臉朝向耶穌，開始清除身上的污穢。

奇蹟似地，奧古斯丁好了，皈依基督，卻仍熱中名利，同居的情人走了，留下私生子，他又找了新情婦，他開始讀聖經，卻無法掙脫老我，上帝又來了一次嚴厲的鞭策。

這一回是牙痛，痛到雄辯滔滔的奧古斯丁開不了口，只好在蠟版上寫「牙痛，請代禱。」奇怪的是，大家一起跪禱之後，他竟然不藥而癒了，剛才真實的牙痛，一會兒竟完全的舒適，他決心獻身上帝了。奧古斯丁開始厭惡名利，但對女人卻輾轉反側，又不想被婚姻束縛。苦啊。

某日，他聽見傳來孩子的童聲，「拿著，讀吧。」他立刻起身，翻開聖經，突然，一道恬靜的光射入心中，潰散陰霾。原來，心存畏懼敬愛讀聖經，和以學者批判角度讀經完全不一樣，奧古斯丁整個投入上帝的懷抱，自由了。

他以知識分子的良心表白，人具有墮落天性，包括對肉慾、金錢、名利、享受和貪婪，只有回到上帝，否則靈魂永遠不得安寧。只有經過神愛，只有讓神節制，才得以享受此心悠然的日日靜好。

12. 我有一隻小毛驢

在聖經之中，共有兩次動物說話的奇事，一次是邪靈撒旦藉著蛇口，引誘夏娃吃分別善惡樹的果子，從此世人不再依上帝標準，而是照各人主見判斷善惡，天下大亂。還有一次是聖靈從驢子口中，顯明上帝旨意，非常特別。

現在我們就翻開聖經，看看這隻特別的驢子吧。

摩西在曠野率領以色列人，先後滅了亞摩利國和巴珊國，唇亡齒寒，摩押王巴勒心中憂急，彷彿敲鼓：「看來這些從埃及出來的人，要像牛吃草一般，把我們全部括盡。」

於是，巴勒想出一條計謀，他聽說術士巴蘭具有通靈超能，不如請他來為摩押作壇祈福，同時大大咒詛以色列人，這樣摩押就得保全。

於是摩押長老奉差遣，捧著厚厚的卦金，來到大河邊毘奪，找到聞名遐邇的高人巴蘭，推崇他道：「我久聞閣下，你為誰祝福，誰就得祝福，你咒詛誰，誰就倒楣。」

巴蘭嘿嘿地笑著，面有得色，他想了一想：「這樣吧，你們今夜暫此留宿，待我請問一下耶和華。」

當天晚上，上帝就很清楚地告訴巴蘭：「你既不可與他們同去，也不可咒詛那民，因為以色列民是蒙福的。」

第二天，巴蘭如實以告，摩押使臣只好失望而歸。

摩押國王不死心，派了更多更高位的使者，再度前來，並且允諾：「國王答應，你向他開口要什麼，國王就給什麼。」

巴蘭搖搖頭：「不行，你就是給我滿屋的金銀，我也不得違抗耶和華。」

過了一會兒，看著使者們一臉誠意，金閃閃白花花的錢財發出邀請，巴蘭又改口：「不然，你們今夜還是暫住一宿，待我再問過耶和華。」

這事再明顯不過，也不用再問，但是巴蘭逃不過試探，所謂試探，在聖經中表示，人生在世，被物慾、魔鬼引誘之謂。

耶和華精準知道任何人的心思意念，「巴蘭」，祂呼叫著「你去吧，你只要遵行我對你說的話。」

巴蘭可樂了，大清早，吹著口哨，滿面春風騎著驢子上路了，上帝見他不可靠就生氣。

驢子滴答滴答走在路上，突然間，驢子磨磨蹭蹭，躊躇不前，淨在原地打轉。原來驢子看見耶和華派出的天使，站在路當中，手中亮著尖刀。驢子一向反應遲鈍，僵持了半天，忽然轉身，跨到田裡，亂踩亂踏。

巴蘭氣急，不停揮鞭抽打老驢，一邊急吼：「笨驢，回到路上，你瘋了嗎？」

驢子繼續在田中四處亂走，後來看到一個葡萄園，驢子上了道路，走著走著，前方一條窄路，天使狹路相逢，驢子無奈，拚命貼靠牆，這一擠，巴蘭的腿受傷了。巴蘭跳下，拿起棍子，狠狠痛揍驢子，驢子哀哀直叫，聲音淒厲。

這個時候，耶和華讓驢開了口，老驢竟然說起人話來，牠對巴蘭說：「巴蘭，我要抗議，我做錯什麼，你這樣狠心打我三回。」

「你還狡辯，你這般戲弄我，我如果手裡有刀，我就把你殺了。」

驢子幽幽地說：「我不是你從小騎的驢嗎？我以前有這樣違抗過你嗎？」

是啊，這老驢不是巴蘭從小騎的嗎，就像中國民謠中唱的「我有一隻小毛驢，我從來也不騎，有一天我心血來潮，騎著去趕集，我手裡拿著小皮鞭，我心裡真高興，不知怎麼嘩啦嘩啦，我跌了一身泥。」

巴蘭看看自己與老驢，都是一身泥漿，他突然醒過來，用腳踢老驢，「笨驢，你不是一向最笨的嗎？為何說起人話來了。」

巴蘭眼前一閃，他也看到耶和華派來的天使了，手中還拿著明晃晃的刀，巴蘭嚇得立刻仆倒在地喊救命。

天使瞪著眼睛責問巴蘭，「你自己說，你為何三次打驢，我出來擋你路，因為你這人行事偏頗，如果不是老驢再三躲過去，我早殺了你，不會殺驢。」

巴蘭連連磕響頭，「對不起啊，抱歉啊，我不知道祢在路上，如果祢不喜歡我去，我馬上回家。」

天使嘆了一口氣道：「你去吧，記住，你只能說，我要你說的話。」

巴蘭趕緊道謝，夾著尾巴，上了驢，噠噠前行。

巴蘭搞不清楚，耶和華一會兒不讓他去，一會兒又要他去，又來了天使恐嚇一番，真是天威難測，反覆不定。

其實，上帝把人摸得一清二楚，祂曉得，巴蘭表面順服，那只是表面，心中不斷在動鬼腦筋，因為巴蘭實在太喜歡金錢了。又太聰明了。

驢子一向是最固執笨拙的，所以以前人用牠來推磨，呆呆傻傻不斷繞老路。但是由於天使阻撓，驢子也知道該掉轉方向盤了。

聖經中耶穌有一句名言「你們心靈固然願意，肉體卻軟弱了。」所謂肉體，指的是人類罪惡本性，每個人都有自己獨特的軟弱點，人生道路之上的苦難，也許是上帝使用的寶貝驢子噢。

13. 通靈巫師

在西漢時代，曾經流行通靈巫師，藉著木偶詛咒害人，例如漢武帝晚年的「巫蠱之案」。

聖經中也有一號這類人物——巴蘭。巴蘭具有通靈稟賦，摩押國王希望藉其詛咒以色列人，上帝卻警告他住口。

巴蘭騎了驢子來到位於亞嫩河邊，摩押國京城，巴勒欣喜地道旁相迎，巴結地說：「啊巴蘭老師，巴蘭高人，我不是一直著急地請你來摩押，你為何遲遲不來呢？這兒不能使你得到尊榮嗎？」巴勒擺出尊請巴蘭當國師的禮遇。

巴蘭下了驢，驢子的眼睛牢牢盯緊他，他突然心中一驚，想起半途之中，驢子竟然會說話，天使也曾以刀相逼，他嘆了一口氣道：「我這不是已經來了嗎？但是現在我豈敢擅自多說什麼，耶和華傳什麼話給我，我就照說。」

巴勒陪著巴蘭，來到基列胡瑣，洗塵休息，設國宴款待，且宰上好牛羊獻給巴蘭及隨從，高規格的上賓款待。

既然是遠來的和尚會唸經，巴蘭也十足的架子，他吩咐巴勒，「明日一早，你為我準備七隻公牛，七隻公羊，築七座壇。」

舊約之中，聖徒會幕獻祭，通常築一座壇，巴蘭卻要七倍之多，巴蘭性貪，也許他猜想，耶和華神也貪。

第二天清晨，巴勒領巴蘭到了一高處，可以從那裡觀看以色列的營帳，巴勒開心說：「巴蘭大師，你就在這兒咒詛他們吧。」

七座祭壇分向七個地方，耶和華卻在第八個淨光之處出現，巴蘭不由自主地說著：「巴勒要我咒詛以色列，神沒有咒詛的，我焉能詛咒，耶和華沒有辱罵的，我豈能怒罵，我從高峰看以色列，誰能數點雅各的塵土，我願如義人之死而死……」

話沒說完，巴勒著急了：「巴蘭，我請你來是咒詛我仇敵。」

巴蘭無奈地摸摸頭，「耶和華傳給我的話，我能不謹慎嗎？」

巴勒拉著巴蘭的手，換了一個地方，只能遙見少數以色列人，又築了七座壇，每一壇上獻一隻公山羊，一隻公牛。

這一回，耶和華傳給他的話，巴蘭又照樣轉給巴勒，而且編成一首詩歌：

「巴勒，你好好站起來聽我說，神不是人，不會說謊，也不會後悔，神說的話，豈不成就呢？神領以色列人出埃及，他們有野牛般的力量，斷沒有法術可以害雅各，也沒有任何占卜可以害以色列。」

「這些人民強悍得厲害，神為他們行了大事，這些人民彷彿母獅挺身，誰敢惹牠，又像蹲在那兒的公獅，若還沒有吃飽獵物，絕不躺下來睡覺。」

「停，停，停，快停下來。」巴勒著急地拉起巴蘭的手，來到毘珥山頂，這兒只能看到曠野，見不到以色列人。

巴蘭這一回不求法術，上帝的靈直接降到他身上，他就開始朗聲道：「以色列必要振興，凡祝福以色列的必蒙福，咒詛的必受咒詛。」

巴勒生氣了，拍著手說：「我召你來，是為我咒詛仇敵，你竟三次祝福他們，讓我想給你尊榮也不成。」

才剛剛拉下臉，巴勒又堆滿笑容，心想，巴蘭這次不靈，下次還有機會，依然熱烈款待。

巴勒是摩押國王，殊不知國王具有最大的恐懼感，擔心外敵入侵；擔心有人覬覦王位；擔心不能萬壽無疆。另外，不可捉摸的靈界力量更讓人毛骨悚然。

莫說微小的摩押國王，就是雄才大略的漢武帝，他也躲不過種種害怕，漢武帝是何等顯赫的君王，甩開和親政策的恥辱，派張騫出使西域，派衛青、霍去病攻打匈奴，更採用董仲舒建議，尊崇儒學，司馬遷、司馬相如也是西漢著名的文人。

漢武帝年紀老了，開始怕病怕死（誰敢說自己不怕？）有一位文成將軍，自稱通靈，稟報漢武帝，宰一隻牛，牛中有奇書，書上寫了長生不老妙法，漢武帝宰了牛，得了書，聰明絕頂的漢武帝，一下子就叫了出來，「這不是文成將軍的筆跡嗎？」欺君之罪不可赦，立刻斬首。

另有一江充，不知是真通靈，利用邪靈謀財，還是假通靈，裝神弄鬼詐財。他到處埋了木偶，上面寫著咒詛漢武帝的文字，再派人把木偶挖了出來，栽贓屋主，許多官民被害。

漢武帝太子劉據，看不慣江充所為，但是漢武帝聽不進劉據之勸告。

漢武帝征和元年，武帝在睡午覺，忽然大聲「啊啊啊」叫喊，武帝中氣十足，許多人都聽到了，江充聽說，特來問安，武帝看到江充大喜：「我夢到好多好多木頭人一起來，從各個不同方向，掄起木頭打我。」說著，漢武帝嘴巴抖，手也抖，腳也抖。

江充鐵口直斷「必是宮中出現巫蠱之氣」；他領了聖旨到處刨木偶，刨到後來，後宮之中床的位置都沒有了，其中太子劉據宮中木偶最多，江充拿出「證據」，帛書中寫滿了咒詛武帝的詞句。漢武帝擔心太子想及早登位，竟然一嚇嚇糊塗了，就把太子給殺了。

後來，武帝查明此事，後悔極了，建了一座思子宮，裡面設思台。

一代明君尚且如此，因為宇宙之間，確有邪靈，有種種邏輯難解之怪事，邪靈並不是人死變成了鬼，而是撒旦用靈力假扮為菩薩、仙佛、親人，讓人膜拜，想要破除邪靈咒詛，唯一之法就是相信上帝，誠如上帝對亞伯拉罕所說：「祝福你的我必賜福與他，咒詛你的，我必咒詛他。」

14. 上馬金下馬銀

中國人喜歡關公。喜歡傳講他在曹操營中，被款待得無微不至，三日一小宴，五日一大宴，美女圍繞，富貴逼人，關公就是擺著冷臉。儘管上馬金下馬銀，關公始終忠心劉備，逮住機會奔返漢營。

摩押王巴勒同樣求才巫師巴蘭，上驢金下驢銀，只是上帝阻攔巴蘭作法，以至於他口中原要詛咒以色列人，竟然再三再四祝福以色列人，還讚揚以色列「行事勇敢，必打破摩押的四角，毀壞擾亂之子。」

巴蘭言不由衷，不由自主，不知不覺竟然詛咒了東道主巴勒，這是因為巴蘭通邪靈的天線，被上帝的聖靈攔阻，他只有降服，巴蘭十分懊惱，也覺得對巴勒不好意思。

所謂錢債好還，人情債難還，因此關公也曾斬了顏良首級，以償曹操的知遇之恩。

在三國演義之中，有一段著名的〈華容道〉，大意是說，曹操在赤壁之戰大敗以後，只剩下十八軍騎逃到華容道。諸葛亮早就算準，曹操必然到此，派出關公守候。曹操聲淚俱下，敘說當年情分，關公不得已道：「你若看出我擺的陣式，就放你一馬。」

關公擺的是一字長蛇陣，曹操順利離開華容道。許多人特別喜歡此一章節，京劇中的華容道也是歷久不衰的老生好戲，認為關公畢竟有情有義。

事實上，這是羅貫中編出來的情節，關公若是徇私放人，顧念舊情，那是不忠不義，非關雲長之作為也。

巴蘭可不是關公，他性情圓活狡獪，貪得財利，眼珠子轉來轉去，「有了！」巴蘭「嘿嘿嘿」為自己聰明笑了出來，

「你我都是男人不是？」巴蘭瞇起眼睛望巴勒。

「當然，這還要問嗎？」

「所以，不必帶任何兵器，你就讓摩押女子直往以色列營中奔，見了就抱著

猛親，再拎著這些男人們前來，吃巴力祭物，拜巴力，他們就垮了。」

巴勒很懷疑，「這麼容易。」

「當然，我們是男人，應當知道男人，你見過不好色的男人嗎？」巴蘭下巴一抬，巴勒與巴蘭笑成一團。

除了上帝是真神，世界上其他的神，都是人用想像力創造出來的，卻也容易被邪靈附著。巴力被稱為繁殖之神，迦拿人認為，每當巴力與妾亞舍拉多多交合，會帶來豐收，地上男女的性關係，可以刺激巴力性慾。因此廟妓於焉而生，因此男女皆以淫亂為美事。

巴勒一聲令下，摩押女軍出發，直往以色列營區，她們野性開放，作風大膽，以色列男人幾時看過這般陣仗，飛來豔遇怎捨得放棄？高興得任其擺布。一會兒，女軍們勾住樂昏的男子，到了巴力祭壇，他們發現亞舍拉女神，幾乎一絲不掛，手中拿著蓮花頭，既新鮮又興奮，連忙跟著拜，也吃祭壇食物，邪靈也藉此進了這些男人的心。

十誡中第一條是「除了我以外，不可有別的神。」第七條，「不可姦淫」，這二誡都是死罪。耶和華怒氣大發，於是摩西吩咐以色列的審判官，「凡是與巴力聯合的，格殺勿論。」就在此時，瘟疫開始在營中大流行，死屍遍野。

所有人都慌了手腳，摩西一面安慰群眾，也忍不住掉眼淚，正在此時，撒路的兒子，西緬的首領心利，竟然帶著一個妖嬈的女子哥斯比，是米甸人蘇珥的女兒，兩個人親熱地貼著臉，往帳幕的方向前去。

祭司亞倫的孫子，以利亞撒的兒子非尼哈火大了，掄著槍，跟在他們後面，等到他二人進入亭子，非尼哈二話不說，用刀穿透這對男女的腹部。

這正是上帝要說的話，就在那一剎那，瘟疫止息，這一場瘟疫，一共死了二萬四千人。

耶和華對摩西說：「非尼哈消了我的憤怒，他與我一般忌邪。」

上帝是如此忌邪，現今世界卻是處處迦南，人們喜歡講多元，講相對，逃避真理，不愛聽報應，這就如同忌疾諱醫，最好消滅醫院醫生，但是疾病與痛苦並不因此消失。所以耶穌說：「天國近了，你們要悔改。」耶穌不處罰正在行淫的婦人，卻提醒圍觀者，人人都犯了罪，也勸婦人「不要再犯罪了。到了時候，上帝的審判要來臨了。」

巴蘭自以為並非以色列人，他也沒有詛咒以色列人，只是獻計而已。耶和華是全人類的神，宇宙的主宰，無論人們是否信奉祂，祂掌管世上的公義。巴蘭不久被殺。

至於義薄雲天的關雲長，所謂「薄」是靠近之意，他不是天。中國人民一腔忠義，效法關公正義，中國歷史始終都有一條正氣貫穿古今，這是中華民族文化燦爛的基石。

然而，照著戲中的模樣，雕塑關公，焚香膜拜，希望關公保佑，那是一廂情願，還不知上頭附了什麼邪靈。

在三國演義之中，羅貫中為了表現關公謹嚴律己，安排了一段關公護嫂，劉備二位夫人在帳內，關公在營外讀《春秋》，絕對講究位分。

如果關公知道，他在身後，竟然被封為關帝，還捧之為神，他一定嚇得墜馬，欠身作揖，「懇請諸位父老，不要加罪於關某。」還他本來面目。

15. 不容失誤

每年換日曆的時候，人們總不忘準備一本黃曆，這不只是因為其中的「驚蟄」、「芒種」飄散古香，而是「霜降」、「小寒」確實掌握了大自然的訊息。啊！冬至了，該喝一碗熱甜的湯圓了。翻開黃曆，敬畏上天的秩序，體悟上帝對人的呵護。

然而，古往今來任何書本，在聖經面前，只有退後立正。惟有聖經，真確明白指出，宇宙怎麼創造，人類怎麼出現，先有雞還是先有蛋。最重要的是，人要如何討上帝喜悅，過美滿幸福的人生。照著黃曆記載，遵行何時宜娶或宜葬枝枝節節，只是寧可信其有的湊熱鬧罷了。

不斷出土的考古資料，驗證了聖經真理，最有趣的是二十世紀發現的死海古卷，彷彿電影《奪寶奇兵》一般，在死海沿岸的昆蘭廢墟，陶瓶中，風化斷崖的石洞裡，藏有許多死海古卷，由於死海沒有出口，百分之三十是鹽分，好像天然的博物館恆溫館，書卷保存二千年，竟然與人們所讀舊約幾無差別。似乎上帝一步一步掀開證據。

舊約之中，最重要的，當然是摩西五經了。只有摩西，上帝對他說過最多的話，他也忠懇詳實記錄每一個字。想來自從上帝呼召摩西，摩西每天都在隨手筆記。

沒有人知道，聖經前五卷書，摩西究竟何時完稿，不過，極可能是在曠野四十二站中第三十二站，也就是尋的曠野、加低斯，在那兒，摩西不小心，犯了錯事。

事情是這樣的，在加低斯，摩西大姐米利暗死了，她、亞倫、摩西都是一百多歲的人，然而在米利暗心目之中，摩西永遠是家中的小弟弟，她活著似乎就為著愛摩西。摩西也在大姐姐身上，得到溫暖與疼惜，原先巴望三姐弟在迦南美地歡呼，如今米利暗卻葬身曠野。

回首過往，步步酸辛，展望未來，前途迢迢，摩西惆悵失望，黯然傷神，感到疲倦了，累了。

偏偏在這當頭，又缺水了，百姓又鬧鬧洶洶，他們都是新生的一代，前一代不聽話，已經前後死在曠野了。年輕一輩卻不改老辭，「啊，為什麼逼迫我們來到這個壞地方，沒有無花果，沒有葡萄樹，不好撒種，竟然連水都沒有。」

又來了，又來了，摩西真是受夠了，一個個就想回埃及當奴隸，這般沒有志氣。他照舊默然忍受埋怨，照舊拉著亞倫，俯伏在會幕門口，向耶和華懇求。

耶和華的榮光顯現，祂對摩西說：「你拿著杖，和你的哥哥亞倫，聚集會眾，在他們面前，吩咐磐石出水，水就流出來了。」

摩西拿起杖，怒火沖天招聚會眾，他心想，上一代因為不聽上帝的話，全部在曠野死光光，這一代依然如此，難道還要等到第三代，他氣極，「你們這些全是叛徒！」

然後，摩西用杖擊地，惱火地疾言厲色宣布，「你們要磐石出水嗎？好，我這就給你們水！」

摩西用手舉杖，用力地在石頭上擊打，重重打了兩下，許多水汩汩而出，眾人一擁而上，牲畜也得以解渴。

摩西餘怒未消，肝陽上亢，想必血壓也高了，心跳也加速了。

這時，上帝突然開了口，「摩西、亞倫，因為你們不信任我，不在以色列人眼前尊我為師，你們必不得入迦南美地。」

摩西嚇壞了，怎麼回事，他才教訓百姓不信服，怎麼自己遭到嚴格的管教，他做錯什麼？他何時不信任上帝？他哪一點不服神的意思？

摩西扶著杖、想哭，突然之間，他醒悟過來，剛才氣得糊塗了，這一回，上帝的命令是，「拿著杖，吩咐磐石出水」，而不是像上一回用杖擊打。

啊啊啊，這一根手杖，原只是平凡無奇一根樹幹，用來驅牛趕車，直到有一天，上帝呼召摩西，手杖可變蛇，伸在水中使水變血，舉杖揮天招來冰雹……曾將紅海劈為兩半，也曾讓亞瑪力人落荒而逃。

摩西的生命與手杖密不可分，他依賴手杖行神蹟，也許他下意識之中，沒有手杖，他不行，當時的確氣糊塗了，沒有仔細確認上帝的命令，只要吩咐，不需擊打，他失誤了。

還有那一句：「我這就給你們水喝」聽起來也太狂傲了點，似乎摩西有這麼大的能耐，不像平日謙謙和和的摩西。倒像四十歲的摩西，腦袋一熱，竟然打死了埃及人。

摩西為自己的激動懊惱不已，他趕緊跑去求上帝寬恕，過去，摩西也曾多次為百姓代求，天啊，摩西奮鬥這麼多年，「神啊，求祢容許我過去，讓我看一看河那邊的美地，就是那佳美的山地和利巴嫩。」

耶和華沒有理會摩西的哀求。

誠如〈申命記〉中所記載的，上帝在曠野四十年，就是要苦煉以色列人，試驗以色列人，以色列人是神的選民，摩西是上帝嚴選中的嚴選，領袖是不容許犯錯的，神也在考驗摩西，當事與願違，一切絕望之時，是否繼續盡忠。

猶太人讀摩西五經是逐字背誦，讀到這一段，想必對上帝的認真、嚴謹，倒抽一口氣，也正是絕不馬虎的精神，讓猶太民族樣樣出眾。

生命是很嚴苛的，匯款機中，錯了一個數字，錢就自動送人，醫生看錯檢查報告陰性陽性，一條人命可能喪失；飛機駕駛一個閃失，所有乘客墜入海中。因為沒有確認神的命令，摩西功虧一簣，他惆悵又遺憾，把臉埋在手掌中不住哭泣。

16. 奴隸翻身

林肯總統解放黑奴，這才有了以後的黑人總統歐巴馬，然而一直到今天，仍然有許多黑人在美國，受到不公平的歧視，居於劣勢。

奴隸必須格外努力才能夠翻身。所以，同樣是奴隸，當摩西帶領以色列奴隸逃出埃及，上帝予以全面改造調教，這樣看來，短短十四天的路程，以色列人走了四十年，並非沒有道理。今日猶太社區治安良好，猶太民族表現優異，航海家哥倫布、畫家畢卡索、科學家愛因斯坦、化學家拜耳都是猶太人，猶太人也是諾貝爾獎得獎最多的民族。

然而厥功甚偉的摩西，在加低斯曠野。卻是黯然傷神，因為姐姐米利暗死了，上帝又宣布，摩西、亞倫都不得進入迦南地。

到了下一站何珥山，長他三歲的亞倫也走了，摩西顯然是被判了死刑。其實，誰又不是自出生就走向死亡，摩西望著天上的雲柱，他知道神在那裡，突然之間，心中平靜，得到安慰。

神的安慰並非舒適的微風、臉上的輕吻，而是大聲的呼叫堅強、起來、奮鬥、盡力到人生最後一分鐘。

摩西笑了起來，他想起自己寫過的一首詩（舊約詩篇九十篇），其中有一句「我們一生的年日是七十歲，若是強壯可到八十歲，但其中所矜誇的，不過是勞苦愁煩，轉眼成空，我們便如飛而去。」摩西看看自己，一路傷痕斑斑，艱苦跋涉，竟然還活著，身心猶健，眼目沒有昏花，精神沒有衰敗，哈，還真是奇蹟。

趁著暮靄蒼茫，他還該做些什麼，他這一生，經歷太多不可思議，上帝對他講過的每一句話，摩西都記得清清楚楚，而且用筆詳細記錄，摩西要完整寫下來。

不過，摩西無法好整以暇，專心寫作，他是領導人，馬上一連串的戰爭對抗，希實本王西宏、巴珊王噩，幸而耶和華事先就告訴摩西，「別怕，都會交在你手中」，果然，在以色列入城之前，當地遭到大黃蜂。

摩西又一次領受到神的威權，他以爺爺的心情，不放心地對兒孫輩說：「哎，我知道你們是悖逆的，我今天還有一口氣在，你們尚且如此，等我不在了，你們必定全然敗壞。」

於是，摩西在〈創世記〉、〈出埃及記〉、〈利未記〉、〈民數記〉之外，又再寫了〈申命記〉，申命記就是重申律法書之意，這些新生一代，摩西也再一次重述當年歷史故事，上帝如何把他們從埃及帶出來。

摩西對人民，充滿了依依不捨的關愛，他的忠心表現在他的不放心，「你們要盡心盡意盡力愛耶和華你們的神，我今天吩咐你的話，你要記在心上，教訓兒女，坐在家裡、行在路上、躺下、起來，都要談論，也要把經文繫在手上、戴在額上、寫在門框上、貼在城門上。」

他並且規定，百姓過了約但河，六個支派的人，站在基利心山上，為百姓祝福，其他六個支派站在巴路山上，為百姓咒詛。例如祝福「你若聽從耶和華你神的話，以下的福必臨到你，天上府庫為你而開」等等，百姓就大聲「阿們」（「阿們」表示同意）」，接著又一長串不聽話的可怕後果，「你時常被欺負受壓制，甚至你因眼中所見必致瘋狂。」等等，百姓也一起喊「阿們」。

摩西語重心長地表示，「我將生死禍福都陳明在你們眼前，希望你們對自己生命，作一個正確的選擇。」

這四十年來，摩西分分秒秒就想進入迦南地，現在終於熬到了關鍵時刻，他卻不許進去，太讓人失望了。摩西從來沒有為自己，向上帝求過任何好處，他每次為百姓代求，上帝幾乎都是答應。因此，他再三懇求耶和華，像一個孩子，拉著父親的衣角，「求祢容我過去，看看約但河那兒的美地，是不是和我夢中一般美。」

上帝卻再三拒絕，「罷了，別再提這事。」

摩西不死心，再四再五哀哀祈求，最後，上帝說：「這樣吧，你到尼波山山頂來。」

摩西依然身手矯健，到了尼波 山頂，山腳下是以色列人的帳幕，另一邊，肥美的葡萄園、漂亮的城市。耶和華 指給他看，「這些約但河以西直到瑣珥，全是我向亞伯拉罕、以撒、雅各起誓應許之地，現在我使你看見了，你卻不得過去。」

摩西滿足地閉上了眼睛，上帝親自埋葬了他，以色列人找不著屍體，成為千古之謎。

其實，就在那轉瞬之間，摩西進入安息，見到了上帝，上帝伸開雙臂，摟摩西入懷，「孩子，你辛苦了。」

摩西嚐到了甜蜜，天堂才是真正流奶與蜜之地。

摩西看見二百多萬希伯來人齊痛哭，而且狠狠哭了三十天，儘管他們平日埋怨摩西、反對摩西，摩西不在了，人人都捨不得摩西。摩西眼眶濕熱，他也頓悟，他必須走人，上帝必須換人，畢竟上帝才是永恆的依靠。

司馬遷遭受腐刑，成為如太監般不能生育，他依然忍痛寫下壯麗的史記，這是中國人公認，寫得最好的史書。他試圖在歷史之中究天人之際，探討天道人事相應關係。

天與人如何合一，人要究竟如何，才可得到上天的喜悅？易經等都在窺測天意，星象更是瞎猜一通，「平日不燒香，臨時抱佛腳，可見得佛愛燒香。」

那麼天呢？

摩西五經是唯一的，正確指出上帝要什麼、希望什麼，摩西不只是猶太人的摩西，他是全人類的偉大的摩西。

17. 剛強壯膽

動物學家觀察，當獅子捕捉獵物之時，往往不是輕手躡腳尾隨在後，而是超速出現在獵物正前方，眼露凶光，獵物全身發軟，嚇得癱瘓，獅子輕鬆飽食美餐。中國人也有這樣的成語——虎視眈眈。

懼怕是所有被造物的本性，是上帝放入的，人生是大大小小不同的懼怕串織而成。基督徒常用平安喜樂祝福人，也常用剛強壯膽激勵人。

剛強壯膽（Be strong and courageous）語出於聖經〈約書亞記〉，主角約書亞當時正在驚惶失措，恐懼畏縮，因為摩西死了。他是接班人。

希伯來人傳說，摩西的啟蒙天使來了，不忍心摩西死亡，走開了，又來了死亡天使，看到摩西滿臉榮光，同樣知難而退，最後上帝親自接走摩西。

無論如何，摩西一聽到上帝呼喚，立刻奔到山頂，可見他身手依然矯健，也聲如洪鐘教訓百姓，怎麼一下說走就走了，百姓哭喊著，肩膀顫抖著。

「摩西啊，我們一直埋怨你太嚴格，怎麼原來耶和華對你更嚴格，怎麼敲兩下石頭就死在曠野，不能去迦南。」大家又哭又喊，摩西走了，他對大家的好、他的忠心無私，人們全想起來了。

約書亞的感觸最深，摩西愛他、疼他、教他、帶他，他對摩西忠心耿耿，也完全依賴。當耶和華明告摩西：「嫩的兒子約書亞是心中有聖靈的，你將他領來，按手在他的頭上，使他站在祭司以利亞撒和全會眾面前，囑咐他。」

摩西深深望著約書亞，一直望到他心裡，對約書亞說：「你要剛強壯膽，率領百姓入迦南地，耶和華必與你同在，不撇下你，不丟棄你。」

約書亞靠緊摩西，覺得溫暖。

可是，摩西不告而別，整個民族的擔子落在約書亞身上，他的心突突地跳，幾乎窒息，用手蓋住眼睛，不想面對恐懼的未來。然後，撕裂外衣，趴在地上哭了又哭，他怕。

許多人讀聖經〈約書亞記〉，以為他是少不更事的年輕人，害怕接棒事業，事實上，這時候的約書亞已經堂堂八十歲，一如摩西率百姓出埃及的年紀，而且約書亞驍勇善戰，不僅是摩西的左右手，更是全力衛護摩西的打擊手。他只是在哀傷之中膽怯了。

上帝的愛是無微不至的，神的話臨到約書亞，「你平生的日子，必無一人，能在你面前站立得住，我怎樣與摩西同在，也照樣與你同在。」

喔，神的話讓約書亞心中一振，驚訝且喜悅。

上帝又接著說：「你當剛強壯膽，我必不撇下你，也不丟棄你。」

咦？這句話與摩西一般一樣，彷彿上帝摟住了約書亞，「剛強壯膽」在〈約書亞記〉第一章，重複出現三次，上帝還保證，「你無論往哪裡去，神必與你同在，不要懼怕，不要驚惶。」

剎那之間，恐懼的網撕裂了，約書亞似乎從墳墓中抬起頭來，胸中充滿喜樂，生機洋溢，他要為上帝、為摩西、為百姓絕對捨身忘我。

約書亞（Joshua）希伯來語是「耶和華是救主」之意，這一位召喚奇蹟的軍事天才，開始展開轟轟烈烈的約書亞時代。

他首先要面對內部的攻訐與敵意，營中到處有嘆息聲：「哎，又是一張老面孔。」嘲笑與諷刺，酸言酸語冷襲而來，約書亞覺得受傷。八十歲的心，依舊是敏感脆弱的。

「神啊，幫助我剛強壯膽。」約書亞心中吶喊著，開始向群眾訴說，人生八十，前四十年是奴隸，如何跟隨摩西經歷神蹟，走過紅海，後四十年，跟隨摩西，曠野漂泊。

不料，一位年輕小孩提問，「凡門框上沒有鮮血的埃及長子，一夜死光，神不是太殘忍了嗎？」

約書亞長嘆一口氣：「你們沒有當過奴隸，不知奴隸的日子怎麼過的，耶和華神等了四百三十年，埃及人仍不悔改，祂被逼得沒有辦法，何況神在埃及實施九次神蹟，埃及人應該瞭解了祂的大能，我們隊伍中不也有埃及人跟了來嗎？」

約書亞忽然明白，連耶和華都要受冤屈，他個人小小的屈辱，算得了什麼，既然神的呼召已到，勇往向前吧！

逾越節的故事代代相傳，這不是虛幻神話，而是歷史事實，逾越節對猶太人的重要性，相當於中國人過舊曆年，不過年夜飯是一年中最豐盛的大餐，逾越節則是自討苦吃。

他們要吃無酵餅，模仿當時逃出埃及時的食物，粗硬難嚼。要吃苦葉，比苦瓜苦上許多倍，回想當時的苦日子。還要吃鐵蛋，這不是台灣淡水阿婆鐵蛋，愈滷愈香，而是白水煮硬蛋，表示苦難愈深，格外堅毅。桌上還有一根烤羊骨，紀念羔羊被殺的鮮血，塗在門框上代替他們死。

進食苦葉之時，還沾一下鹽水，代表當初灑下了無數鹹淚，逾越節也要對貧人孤兒表達善意，臉書創辦人祖克柏，他是猶太人，娶了越南華裔妻子，他們在生下第一個女兒時，決定有生之年，將百分之九十九的控股捐出，給世界孩子一個更美的世界，就是逾越節的意義。

約書亞掄起拳頭，高聲說：「剛強壯膽，上帝是我們後盾，沒什麼好怕的！」這句話，也是對每一位信主之人所說的。

18. 風塵俠女

在唐朝傳奇小說之中，有兩位名妓俠女是人們所喜愛的，一是紅拂女，一是紅線女。

紅拂女出自唐朝杜光庭所寫的〈虬髯客傳〉之中，女子張出塵在戰亂之中，被賣入司空楊素家中當歌妓，因為手執紅拂，被稱為紅拂女。某日，楊素家中出現翩翩美少李靖來訪，李靖器宇非常，侃侃而談，紅拂女一見傾心，夜訪李靖，二人私奔，途中遇虬髯客，合稱風塵三俠，其後，李靖幫助李世民建唐有功，封衛國公，紅拂女遂成一品夫人。

紅線女則是唐朝潞州節度使歌妓，擅文學彈琴，夜盜金盒，幫助潞州化解危難，這二女子都是虛構。古聖經中卻真有一妓女喇合，憑著個人機智，在危機中救人救己，開創幸福。

上一次，摩西派出十二探子，只有約書亞、迦勒勇敢應戰。約書亞這回學乖了，僅挑了素來英勇的二人。魁梧威嚴的迦勒警告二人，「你們回來只許說好話，切莫忘記你們父執輩的下場。」

二人唯唯諾諾、領受教訓來到了耶利哥城牆外，抬頭一看，互相對視，「哇，城牆好高。」

耶利哥，詞意是「芬芳」，乃世界上最古老城市之一，一直到今天，觀光客可以在耶路撒冷東北方尋找到廢墟，不斷出土的考古遺跡，在在證明了聖經的真實性。

中國偉大的萬里長城是城牆，耶利哥也有厚達約三十呎的厚牆，守望台，弓箭手就在上面，京劇中諸葛亮唱空城計也在城牆上。耶利哥城牆上住了人家，還有一名妓女喇合大張豔幟。

冥冥之中，自有神的美意，這二人見天色向晚，就進了喇合的小樓。喇合的字意是「風景」或「寬廣」，她的確經過許多人生風景，聰明慧黠善良，選在這個地點開業、生張熟魏、商旅閒談、她閱歷豐富，瞄一眼就知這二人來自何方，她也不多言，馬上張羅布置了躺臥住處：「你們好好睡一覺吧。」

妓女見多識廣，客人不言，她也不多話。

迦南當時是城邦國，一城一國，耶利哥城就有耶利哥王。不多時，立刻有人報告耶利哥王，「今天夜裡，有以色列人來窺伺此地。」

「快查」，耶利哥國王一下令，追捕立刻出發，東查西探，很自然來到喇合的家裡。

「喇合，到了妳這兒的人，妳可要乖乖交出。」追捕惡狠狠盯著喇合，看她敢不敢撒謊。

不料，喇合一聽，馬上承認，「沒錯，那兩個以色列人是來到我這兒，只是，我不曉得他們是什麼人，哪兒來的，聽你一說，應該就是他們了。」不愧是妓女，會應付場面。

「人在哪兒？」

喇合一拍手，懊惱地說：「哎呀，這個我不知道，天一黑，城門快關之時，他們出去了，你們現在趕緊追，一定還追得上。」

追捕連聲道謝，急急往約但河的渡口追趕，此時，城門緩緩關上，也就是說，追捕被關在城門外，二名探子倒是安穩躺臥在喇合的房頂上安憩。

喇合騙走了追捕，急急上了頂樓，打開天窗說亮話：「我知道，你們是以色列人，我也知道，耶和華已經把這地賜給你們，並且因你們的緣故，我們的心都消化了。」

消化這兩個字用得妙，就像食物被消化，接著就要排泄了。

二探吃了一驚，狐疑地望了喇合一眼，意思是，「妳怎麼知道如此之多。」

喇合嫣然一笑，「我這兒交通便、客人多，你們出埃及之時，耶和華怎麼使紅海水乾，又怎麼毀滅了亞摩利王西宏與噩，我們都一清二楚，因此沒有一人有膽作戰。」

二探一樂，啊，這真是最好的情報，得來不費吹灰之力，但是他二人既然入了城，可就插翅難逃啊。

風塵俠女喇合拍一拍胸脯，「我有本事讓你們平安歸去，只是你們得保證，攻城之時，不但救我，也得救我父母兄弟姐妹，和他們的丈夫妻子兒女等等……」

許多妓女都是為家人犧牲自己，喇合也不例外，顯現她善良的本性。

「成。」

於是喇合又展現諜對諜般的機智，用繩子把二探從窗戶縋下去，因為她恰恰住在城牆上，因此二探就順利出城了，臨下窗戶前，她聰慧地提示，「你們且往山上去，免得被追捕碰撞，還在山上躲個三天，等追捕沒逮到人回到城內，你們再回去。」

兩人連連點頭稱是，並且道：「大恩不言謝，當我軍來攻之時，妳繫一條紅線在這窗戶上，我們弟兄一定繞過，不過，妳家裡的人出了門就不算了。」

後來，這一根紅線，拯救了喇合一家人毫髮無傷。

非僅如此，還幫喇合牽了一根紅線，脫離了妓女生涯，嫁給撒門，還生下波阿斯。波阿斯是聖經中的謙謙君子，溫暖體貼的丈夫，他娶了路得，生下俄備得，成為耶穌的祖先。

喇合生命丕變，來自對上帝的信心，許多基督徒，讀到這一段，就為自己製作一張小書籤，繫上紅絲帶，學習喇合、求上帝保守全家，果然神所賜的，超過所求所想。

19. 過河卒子

莊子在秋水篇中，用「望洋興嘆」形容眼界大開，卻又沒可奈何。約書亞面對過約但河之時，同樣也有望河興嘆之慨。

對岸的耶利哥城，一幢幢漂亮的白色小洋房，四周蓊鬱，蒼翠悅目。然而，河寬一哩，收割期間，從黑門山融化的雪水氾濫成災，巨大樹幹連根拔起、順水漂浮，有如黃河決堤，一瀉千里，稱之為瀑河。所以「約但河的氾濫期」，用來形容困境當前。

再說以色列人沒有舟船，沒有救難艇，兩百多萬人如何過河？四十歲以下的人在曠野出生，經常缺水，豈有游泳的本領？約書亞不是摩西，既非神人，手上的杖也變不出蛇，他實在害怕，腦中轟然，心如擂鼓，惟恐一起淹死在約但河中。

無論從任何角度研究，全都一籌莫展，惟有從神的眼光，相信上帝有辦法，約書亞其實心中有時無法剛強壯膽，但是他是領導，他表現出來必須是剛強壯膽。

救星來也。

兩個探子回來了，敘說妓女喇合的珍貴情報，原來迦南人因為上帝的緣故，全都怕死了，喇合還談妥，她陽台垂一根紅線，做為以色列軍放過她家一馬的暗號。

約書亞笑道：「看來現在蚱蜢換人當了。」於是，率領眾人離開什亭，來到約但河邊，等候過河。雖然他還不知道如何過河。

上帝看到了以色列人的信心，於是吩咐約書亞這樣那樣。

約書亞吩咐百姓，「你們要自潔，因為明天耶和華必行奇事。」

所謂自潔，不只是如中國古書上的齋戒沐浴、不近女色、全身洗淨，而是心靈上的潔淨。

有人有意見了：「約書亞，莫說是人，就是牛羊到了水邊，本能地停住，牠們也要命啊，要不然，你像摩西一樣揮杖，水乾了，我們才下去。」

約書亞嘆了一口氣，「我不是摩西，無法揮杖，不過我自己一定先下水，上帝的約櫃必前行領導，大家與約櫃相隔二千肘。」

第二天，大家開始拔營、捆束、收拾行李，出發了，一路上惴惴不安，個個心跳。到了約但河邊，水勢洶湧，水花四濺，許多人不由自主往後退。

約書亞說：「等到抬約櫃的祭司，把腳放在約但河水中，大水必然立刻斷絕，立起成壘。」

眾人面面相覷、不敢相信，萬一祭司一腳踏入，連人帶約櫃，一起淹沒在約但河中該如何是好？這又不是春節晚會劉謙變魔術，如果失手，頂多出個洋相。

又有人有意見了：「這樣吧，不必急於一時，等一等，事緩則圓，等到過了收割的時候，約但河退回原來的深度（也就是三十碼寬，六呎深）時，我們再出發吧。」

約書亞一言不發，一揮手，祭司不敢不聽從，一面呼喊耶和華救命，被迫地光腳下水。啊，偉大的時刻，見證神蹟的時刻來到了。當祭司的腳一落水，沒有直直沉下去，反而是水讓人，在三十哩遙撒拉但旁的亞當城那兒，河水緊急煞車，立起成壘，停住了，下游河床露出，這才是世界奇觀。眾人在岸邊又跳又叫太興奮了。

約櫃繼續前進二千肘，百姓開始下乾地渡過，連奔帶跑，經過約書亞身旁，紛紛舉起大拇指誇讚。

約書亞眼眶熱濕，不停在說：「不要謝我，謝耶和華神。」他看到老的過去了，小的過去了，有信心的人過去了，啊不停抱怨、不相信上帝的人也過去了，神啊神啊心胸寬闊普渡眾生，寧願萬人得救，不願一人沉淪。

等到所有國民抵達彼岸，象徵上帝的約櫃仍在水中，有如父母，既打前鋒又兼後衛，拚死拚活一心為著孩子。約書亞明白，這就是上帝所謂「我必不撇下你、不丟棄你。」

於是約書亞照著神的指示，命十二支派指定十二人，搬十二塊大石頭，放在祭司腳前，那個時代，沒有手機拍照留念，就用十二塊石頭紀念。

另外，又從祭司站立的河床中，帶十二塊石頭上岸，放在吉甲，吉甲位於約但河頂端，離河五哩，以色列百姓當夜安營之處。

一切妥當之後，約書亞率祭司抬約櫃前行，當約櫃一觸地，嘩啦嘩啦，有如水庫洩洪，一切回復原樣，上帝親手擋水，也精準地縮手。

吉甲的意思是「滾」，約書亞在此，為曠野之中沒有割禮的男子行割禮，把希伯來人在埃及所受的羞辱，一起滾蛋，迎向新的人生。

在新約聖經中有一句話，「上帝叫日頭（太陽）照好人也照歹人。」乍聽之下，似乎有點鄉愿，其實上帝是分得最清楚不過的。這裡的意思是說，無論好人壞人，神都願給機會，就像大批人馬一塊過了約但河。

沒有任何人是好到不需要上帝的，也沒有任何人是壞到神不能救的，因此基督教有所謂受洗，在牧師見證之下，浸入水中，洗淨罪惡，重生得救。

世界上只有一個人沒有罪，那就是耶穌。但是，當耶穌從天上降世為人，他還是央求施洗約翰為他受洗，洗禮的地方正是這一條約但河。

做了過河卒子，只得拚命向前。可喜的是，上帝緊緊護衛著。

20. 圍城

「諸葛孔明草船借箭」、「周瑜打黃蓋」，在陳壽所寫的正史《三國志》中付之闕如，不過，精采的空城計倒是有的。

真正的史實記載，諸葛亮屯駐陽平，派大將魏延南下押運糧草，城內只剩下二千五百名孤零零的士兵，司馬懿得到消息，引十五萬大軍圍城，準備一舉殲滅蜀軍。

孔明大開城門，並且派出二十名士兵，扮成老弱百姓掃街，並且下令：「閉嘴、低頭、鎮靜。」因此，當司馬懿大軍來到，士兵即或心臟狂跳一分鐘一兩百下，表面若無其事，司馬懿速退防詐，孔明完美封殺，結束這一局。

在京劇之中編了一段，孔明誆騙城中埋伏十萬看不見的神兵，否則，掃街老兵難掩驚惶，這當然是子虛烏有，然而孔明在劇中，好聽地唱了一句：「諸葛從來不弄險，險中又險顯奇能。」確是如此。

聖經之中，也有一段奇特的圍城，主將約書亞也絕非賣弄風險之人，但是，他率領百姓過約但河之後，馬上做了一件頂危險的事——集體割禮。

眾人一起變為苦瓜臉，試想，在沒有麻醉劑，缺乏消炎止痛藥的當時，將男性生殖器上一圈陽皮整個割掉，該有多麼疼痛。

再說，術後恢復期中，萬一迦南人趁此進攻，豈不是自陷網羅？以前雅各的女兒底拿被富二代強暴，雅各兒子們氣極，表面上答應妹妹嫁入豪門，要求示劍地方人民割禮表示誠意，然後，趁著示劍男子療傷期間，揮刀滅城。

約書亞耐心向百姓解釋：「上帝與亞伯拉罕及子子孫孫立約，當永遠的保護神，並且在四百年之後，將迦南地賜給以色列人為業，以割禮為記。」

「所以啊，」約書亞一攤手，「在我們得地為業之前，必須確實遵守律法。」

果然四百年之後，以色列人真的來到耶利哥城下，不能不說神的話語的確神準。

上帝還教導約書亞製作火石刀，專門用來手術，割下來的包皮堆積成一座「除皮山」。表示時時刻刻記住，自己是神的選民，審慎度日。說來也神，以色列人暫停，迦南人也不敢蠢動，雙方休兵。

大隊人馬在吉甲安營，恰恰是正月十四過逾越節，這是以色列人的過春節，他們吃了當地出產的麥子做成的無酵餅。

許多在曠野出生的孩子，直到四十歲，三餐都只吃嗎哪，這是頭一回吃土中所產的，奇妙的是，第二天嗎哪不再自天降下。他們原已厭棄吃膩嗎哪，但也理所當然天天得到供給。如今，嗎哪不再，既惆悵又有陣陣不安，以後，可得自己去掙食了。

約書亞表面鎮靜，內心也不免虛慌。有一天，他抬頭望天，突然殺出一個人，手中帶刀。約書亞問道：「來者何人？是敵是友？」此人裝束大異常人。

「不是的，我來是要做耶和華軍隊的元帥。」

約書亞大驚俯伏地下拜，「我主有什麼話，僕人敬聽。」

「你把你腳下所穿的鞋脫下來，這兒是聖地。」

約書亞大喜過望。在舊約中，上帝向人顯現，總是透過天使，相同的情節，摩西也上演過，也曾經告訴過約書亞。

啊，天使元帥的出現，給了約書亞莫大的鼓勵。自稱僕人不僅是謙卑，而且代表倚靠。這和民主政治政客自稱公僕騙選票，可是大異其趣的觀念。約書亞欣喜接受祝福。

約書亞指揮軍隊「出發！」七個祭司拿著七個羊角在後，接著是約櫃，約櫃後邊是百姓，開始圍繞耶利哥城，從出土的廢墟來看，耶利哥約三點六公頃，繞一圈不過十五到二十分鐘，但是廢墟顯然只是城的一部分。

耶利哥人在城牆上觀看，以色列人的隊伍，距離弓箭手的射程尚遠，踏著整齊步伐，面無表情，直視前方，嚴肅、堅定、木然，這些人到底要做什麼？耶和華，他們的神在賣什麼關子？耶利哥人猜不透，背脊發涼。

繞完一圈，以色列人退去，耶利哥的士兵卻嚴陣以待，耳中迴響方才祭司吹的角聲，響亮、淒厲，難聽極了。等了一天，以色列人沒來，他們又猜想，會不會半夜圍城？這樣讓耶利哥上下緊張一整晚。

第二天，以色列人睡飽了覺，精神抖擻再來繞城一周，退去……接著一日復一日，一共六天，耶利哥人幾乎精神崩潰，不知他們葫蘆裡賣什麼藥。

第七天，耶利哥人以為已摸著模式，等以色列人繞完一周就可解散休息。不料，情況有異，他們足足繞了七圈，到第七圈之時，約書亞下令：「呼喊吧，因為耶和華已將這城交給你們了。」於是角聲尖厲如鷹，百姓放開嗓子嘶吼，說也奇怪，耶利哥的城牆應聲而倒。不可思議。

由於耶利哥城不戰而毀，以色列人特別鍾愛角聲，號角形狀非如牛角麵包，而是綿羊的角，浸軟在熱水之中，扭曲壓扁而成，約有半個手臂長。今天的猶太人在新年期間，也會換下一襲黑袍，穿上代表聖潔的白袍，在長嘶的角聲中反省悔過。

今天基督教會之中，在敬拜之中，也常使用角聲，雖然刺耳，卻是美好的信心宣告。

21. 一念之貪

肅靜與服從向來是檢閱軍紀的標尺。

在中國古代，為了防止行軍喧譁，常常使用銜枚，就是口中含枚，枚形如筷子，兩端有帶，繫在脖上，有如馬匹口中的橫鐵一般。

以色列人進攻耶利哥時，前六日都是安靜繞城一圈，然後退場。如果互相交談，儘管方才奇蹟地渡過約但河，卻也不免憂心忡忡，「你曾看過像我們這般攻城的嗎？」

對方一定也感覺緊張，接著說：「我的背脊也陣陣發涼。」

好在耶和華軍令如山，他們不需銜枚，嘴巴也不敢微張，只有心裡默吟著，「我的神啊，保護我們。」

人生在世，當然需要朋友傾吐，共擔憂患。但也往往輪流訴苦，增添愁煩，最有用的，還是不斷向神禱告。

約書亞下令攻堅之時，特別囑咐，「你們要注意，千萬不可取那當滅之物，連累全營，惟有金子銀子鋼鐵器皿必入耶和華的府庫之中。」

所謂「當滅之物」，就是指一切要獻給神之物。因此，人與牲畜必須擄來殺死，擄物歸神壇所有，稱之為「聖戰」。

為什麼要這般嚴厲與決絕？

宇宙之中有一樣東西，會引發神怒，那就是邪惡。事實上，我們每一個人的內心深處，都有一種本能認知，做壞事應當受罰，為非作歹不該逍遙法外，這不是報復，而是上帝創造宇宙最深層的道德真理。

迦南人淫亂、殺嬰，上帝已容忍了他們四百三十年，依然絲毫無悔，上帝必須公正對付罪，也必須保守自己兒女不受沾染。希伯來人在曠野領受神的教誨，現在正面對抗反面勢力。

有一猶大支派迦米的兒子亞干，亞干的原意是攪事的人，他的名字還真是恰如其人。

在滅城行動之中，火焰熊熊燃起，木頭、石塊，到處崩落。

亞干發現一件美好的示拿衣服，示拿就是巴比倫，他看了眼睛發直，太漂亮了，精品中的精品，毀了豈不暴殄天物，可惜了，亞干急急揣入懷中。又看到二百舍客勒銀子，以及一條金子，估計約五十舍客勒，這真是天上掉下來的禮物。

他回到帳篷，喚出妻兒，誇耀手中掃貨的成績，把衣服抖開，得意地說：「不得了啊，起碼二百舍客勒銀子。」

妻子也吐著舌頭，眼中閃耀興奮。

亞干再拿出二百舍客勒銀子，妻子學著嚷嚷，「不得了啊。」

接著，亞干又拿出五十舍客勒金子，全家用快樂發抖的聲音喊，「不得了。」

亞干連忙用食指壓住嘴唇：「噓，小心。」

於是大夥歡天喜地把寶物埋藏在地裡。

但是，快樂不持久，當天晚上，從來不失眠的亞干睡不著覺，又不斷安慰自己：「這些都是當滅之物，我只是物盡其用，再說，既是當滅，就沒有盤點，誰也不會發現。」

第二天由於耶利哥是當滅之城，所以，約書亞叫眾人發誓，「如果誰敢重修耶利哥城，他立根基之時，必喪長子，安門的時候，必喪幼子。」亞干聽到這話，心中毛毛的。

後來歷史證實，伯特利人希伊勒重修此城之時，立根基時，喪了長子亞比蘭，安城門之時，幼子西割也死了，上帝之言就是神準。

耶利哥大勝，全軍陶醉在勝利之中。接下來，進攻艾城，探子回報，「只要兩三千人上去，就可打得他們落花流水。」

不料，以色列軍大敗，三十六人陣亡，其他的人逃之夭夭。

統帥約書亞立刻撕裂衣服，把灰塵撒在頭上，這是以色列人表達驚懼哀傷的方式。他和眾長老跪在約櫃前、謙卑地認罪禱告，約書亞哀號，「主啊，以色列人怎麼在仇敵面前轉背逃跑？那我們還不如不要過約但河。」

「起來吧！」上帝不喜歡子民長久羞愧俯伏，而是要站起來，做他該做的事。上帝的話也不會模稜兩可，祂直接地說，「有人偷竊又行詭詐，取了當滅之物。」

於是，第二天約書亞找了十二支派，派出代表，在神壇前抽籤，抽中猶大支派，再就猶大支派中抽中謝拉宗族，再一個一個抽，亞干的心臟抽搐著，天哪，天哪天哪，他滿心焦灼，天哪，真的抽出了亞干。

約書亞好難過，他說，「兒啊，認罪吧，不要隱瞞。」

既然被神指出來，還有什麼可說的，亞干坦承，「我得罪了神，我看見了，我也拿了……」接著，帳篷下的寶貝全被搜出。

約書亞含淚把亞干，那件美衣、金子、銀子、亞干的兒女，牛、驢、羊、帳篷、一切所有，帶到亞割谷，以色列人用石頭打死他，用火焚燒亞干一切所有的東西。

於是，亞干成為當滅之物，這真是觸目驚心的處罰，深深烙印在以色列人心中，以及所有讀聖經的人心中。隱藏的罪是這般細微，有時顯得沒那麼嚴重，只有保持敏銳的良心才能時時察覺，及時悔改，這就是聖經中所說的：

「你要保守你的心，勝過保守一切，因為一生的果效，是由心發出。」

22. 丐幫軍隊

聖經〈申命記〉之中，上帝給了美好的應許：「你若遵守律例誡命，在流奶與蜜之地，得以享福，你的敵人也被攆走。」上帝是賞罰分明，堅持原則的嚴父，卻也是慷慨大方、賜給各樣福氣的慈父。

由於亞干貪財，暗中拿了當滅之物，造成艾城之敗，以色列人在亞割谷把他活活打死，亞割就是連累的意思。約書亞懊悔治軍無方，才出現了亞干這般害群之馬。但是上帝不喜歡人們沉浸在沮喪的哀痛之中，祂要約書亞：「起來！」

耶和華對約書亞說：「不要懼怕，不要驚懼，我已經把艾城的民、艾城的地，甚且艾城的王，都交在你手裡了。」

還有一件美事，耶和華說，「城內的財物牲畜你們可自取為掠物！」

這倒不是因為亞干拿了不該拿的，上帝改變初衷，在曠野與巴珊王噩打仗之時，上帝就規定，可以享受戰利品。何時可以放入自己口袋、何時萬萬不可，上帝都會在開戰之前，講得清清楚楚。

失敗為成功之母。約書亞再度進攻艾城，不敢輕敵，上一回只派了二、三千人上去，這一回，選了三萬大能勇士，其中一部分為伏兵，安置在艾城與伯特利城中間。

約書亞親率大軍，包括以色列眾民同時浩浩蕩蕩，吵吵嘈嘈正面直往，在艾城北邊安營，養精蓄銳、安睡一晚。

艾城王有了上次成功的經驗，成竹在胸，仰天大笑，「又來找死了。」果然，第二天，兩軍交鋒，三兩下約書亞就大敗，往曠野逃脫，艾城人一看心想，「這次非把以色列徹底消滅。」大開城門，一起來追。

約書亞照著耶和華的吩咐，在城北山頭高舉短槍，這當然不是現在的手槍，應該是矛頭或標鎗，伏兵看到暗號，立刻溜入艾城，放火焚燒。忙著追以色列的艾城人發現城中煙氣飛騰，知道中計，手腳一軟，在大軍與伏兵夾殺之下，艾城全部消滅，艾城王束手就擒。

以色列人這下可樂了，口袋中裝滿鼓鼓的金銀財寶，手中又急著牽牛拉車，這時有人想起亞干，十分惋惜：「他就為那麼一丁點財物全家喪亡，稍微再等幾天不就滿載而歸了嗎？」

君子愛財，取之有道，信靠耶和華的，什麼好處都不缺，上帝沒有要每個人都苦哈哈的，如果都是苦行僧，基督教國家焉能富強？猶太人何以富有？

約書亞正在徹底檢討前敗後勝之因，關鍵在求問耶和華，他敲一敲腦袋，自言自語，「記取教訓，不要自作聰明。」

此時，忽然營外一片嘈雜，手下通報，「外面來了一大群乞丐。」

約書亞快步外出，只見遠遠來了一些縮著頭、聳著肩、垂著頭的老弱殘兵，及至走近了，又不停打躬問安，露出卑微乞憐的神情。驢子是弱的、衣服是破的、聲音是嘶啞的。

他們求見約書亞，用充滿了自憐的語調說：「我們是你們的僕人，因為聽見耶和華的名聲，和祂在你們身上所做的事，所以我們長老要我們來迎接以色列人，希望能有榮幸與你們立和平之約。」

「嗯，這個嘛。」約書亞頗為遲疑，因為耶和華曾交代摩西，當以色列進入迦南地之後，當地有七國之民，就是赫人、革迦撒人、亞魔利人、迦南人、比利洗人、希未人、耶布斯人必須全部滅絕，也不許與他們立約。

這一件事，一直是人們讀聖經感到不解，並且沒有辦法認同之事，上帝不是慈愛的嗎？耶穌在新約不是說要愛仇敵嗎？為何如此血腥？

上帝是忌邪的，迦南地帶代表魔鬼撒旦。祂禁止以色列人與他們立約，必須全面擊殺，若非如此，雙方結親之後，以色列兒女必然敬拜別神。這不是說上帝惟我獨尊，而是人如果不抓緊上帝，太容易墮落，沉迷色慾物慾，以時尚流行取代是非對錯，以色列人後來正是如此，我們每個人也都在危險之中。

約書亞用同情的眼光，望著似乎從時光隧道中出來的老朽，他們抖開一身古董：「我們要出發的時候，這餅還是熱熱燙燙的，現在乾枯長黴了。這皮酒袋，當初是新的，現在已破到不成樣子，還有鞋子也爛了。」

約書亞曠野四十年，鞋子都沒穿破，這可是神蹟，但眼前這些人風塵僕僕，不知在外漂流多少時日了，因此當下簽約。

不料，過了三天，驚奇發現他們是基遍居民，屬希未人，就住隔壁，設了詭計矇過約書亞。

基遍人招認：「我們畏懼耶和華，害怕喪命。」雖是詐騙，其情可憫，以色列人也立了約，不可後悔，因此就收了基遍人成為劈柴打水之人。後來的歷史演變，掃羅曾違約，殺了基遍人，大衛年間因此三年饑荒。既立了約，必須堅守。

這則故事含義有二，一是凡事一定先求告耶和華，有經驗的老基督徒遇到任何事，第一件要做的就是禱告，讓上帝參與你的狀況，連約書亞都會不小心，忘了先問神。

其二，敬畏耶和華是智慧開端，基遍人如《孟子．梁惠王篇》中所載的，簞食壺漿以迎王師，果然免禍，任何時候，敬畏上帝，乃是得福之鑰啊。

23. 宇宙少掉的一天

宇宙在過去，曾經消失一天一夜，這真是駭人聽聞的一件事。

權威聖經學者大衛鮑森曾經引述，美國太空總署顧問哈洛．希爾一段重要的奇聞！當時他們在印地安那州工作，每當發射一枚人造衛星上空之時，必須準確衡量過去位置、未來數千年的位置，免得衛星撞上行星軌道。

電腦跑了一半，突然停住。機器是正常的，資料是確實的，卻一再重啟、一再被卡，眾人腦力激盪後，最有可能是，過去年代之中，宇宙少掉一天才符合數字，才是精準的行星位置，但是，未免太蹊蹺了吧。

這時，有位研究員翻開聖經，〈約書亞記〉第十章，第十三節：「於是日頭停留，月亮止住，直等國民向敵人報仇。」

於是，團隊依此演算，發現還是不對，宇宙應該是少掉二十三小時、二十分鐘。但聖經中本來就是，「約有一日之久。」

這個時候，研究員又捧出聖經，翻到〈列王紀下〉，第二十章，提到希西家王痛哭禱告，懇求上帝救命，因為他快要死了。

耶和華就讓先知以賽亞轉告，上帝要延長希西家十五年壽命。希西家驚喜得不敢相信，向以賽亞求一個「日影向後十度」的兆頭，上帝答應了。

日影十度是四十分鐘，加上前面二十三小時二十分鐘，恰恰一日。歷史與科學無法證明聖經，但是聖經卻可印證史料與科學，聖經不是神話不是伊索寓言，而是上帝真實的作為。

好，我們回到歷史現場：

基遍人裝成遠方乞丐兵，扮可憐，騙過約書亞，以色列與基遍簽訂合約，真可謂君子可欺之以方。約書亞雖嫻於軍事，卻是心地柔軟、八十歲的乖寶寶，他一點也不喜歡殺人，但是上帝派他做正義之師，他只有順服。

基遍乃是大城，比一般城更大，城內全是勇士，尚且如此卑躬屈膝，乞求與以色列人謀合，這讓迦南其他人暗暗心驚。

於是，耶路撒冷王亞多尼洗德，打發人去見希伯崙王何咸、耶末王毘蘭、拉吉王雅非亞、伊磯倫王底璧，展開國際外交：「來，求你們上來，幫助我們攻打基遍，因為他們與約書亞簽約。」

這五王為何不直接攻打約書亞？因為知道打不過。基遍竟偷偷與以色列謀合，大家就聯軍處罰基遍。

基遍慌了，趕快打發人，去吉甲見約書亞：「啊，你可不要袖手旁觀，你的僕人現在慘了，快來救我們。」

好不容易熬過四十年的曠野，來到流奶與蜜之地，原以為可以休息，安享美好。殊不知，每一滴奶每一口蜜，仍要辛辛苦苦打仗，人生真是一場場戰鬥。

以色列原是沙漠野戰牧民，現在要與擅長防守、安土重遷的農業民族相戰，其實頗為吃力。不過，別驚，一切有上帝。

耶和華賜下定心丸，祂對約書亞說：「不要怕他們，因為我把他們全交在你手中，一個也跑不掉。」

約書亞有個長處，上帝怎麼說，他就怎麼做，半點不遲疑，當夜從吉甲出發，猛然間大軍臨到，五王軍隊在基遍潰散，一聲聲高喊，「逃啊！」

迦南人慌慌張張往伯和崙下坡逃竄，山路險峻曲折，崎崎嶇嶇，全是高低不平的石階，怎麼也跑不快。突然之間，天上降下大冰雹，一個一兩磅重，又大又猛，一下砸死一個，他們一路逃，冰雹一路降，一直降到亞西加，算一算，被冰雹擊死的，竟然比以色列殺的人還多。

在冰雹的巨響之中，落日餘暉漸漸暗了，不多久，天就要黑了。突然之間，約書亞彷彿心領神會，大聲對上帝懇求：「上帝啊，太陽要停在基遍，月亮啊，你要停在亞雅崙谷，全都不許動，直等國民向敵人報仇。」

這應該是世界上最奇怪的禱告了。立刻，太陽停止，以色列人、迦南人都呆傻了。而且，太陽整整停了約有一日，在這一天以前以後，宇宙沒有這種奇事，迦南人拜日拜月都白拜了。

五王嚇得跑啊，跑啊，跑到了瑪基大洞中，約書亞下令：「立刻搬幾塊大石頭擋在洞口，別讓他們溜了。」

於是拉吉、希伯崙，一個一個城市被瓦解，其中伊磯倫被證實，具高度文明與藏書，但也無一倖免。

這個時候，滾開石頭，五王灰頭土臉從洞中出來，約書亞對眾軍長說：「一個一個來，把腳踏在這個王的頸子上，你們不要驚懼，應當剛強壯膽，因為耶和華必這樣對待你們一切仇敵。」

接著，他們一個個前來踩踏脖子，想想看，以色列人他們只是蚱蜢，竟然能把巨人踩在腳底，這可不是靠他們的力量，而是上帝不斷供應。

約書亞的名字和耶穌是同名，只是翻譯不同。他們都是和平君王、人類的拯救者，然而舊約約書亞似乎都在一路砍殺，耶穌卻是救人醫病，似乎大不相同。事實上，都在執行公義。

許多人看聖經，只看四福音書，到了耶穌上了十字架，似乎就完結了。沒有再往下看〈啟示錄〉，這才是如偵探小說一般的真正結局。耶穌騎著白馬、穿著白潔細麻衣、有利劍自他口中而出擊殺列國，接著公義審判，約書亞預表耶穌。

忠心的約書亞，他在執行上帝的制裁，他要消滅因放縱情慾、梅毒性病猖狂的迦南，轉為模範道德的人類社會。

24. 虎父虎婿

在中國古代，英雄豪傑起兵舉事，首先要招兵買馬，車轔轔馬蕭蕭，戰事開啟。以前黃巢一路連捷，惟有聽說李克用的鴉軍來到，互相警戒，「鴉兒軍至，當避其鋒。」鴉軍，不只是獨眼龍的李克用擅射野鴉，而是他的軍隊一身黑裝，騎著漂亮的沙陀黑馬，嚇得人們眼前一片黑。

希伯來人也有懼馬症，他們養牛養羊，用來祭祀、視為珍貴美食。牛羊笨重遲緩，怎能與奮迅霹靂的快馬相比？眼前卻如唐朝岑參的詩：「匈奴草黃馬正肥，金山西見煙塵飛。」

約書亞率軍打敗五王不久，夏瑣王耶賓，立刻打發人去見瑪頓王約巴、伸崙王押煞以及亞拉巴高原、多珥的諸王還加上西方迦南人、亞摩利人、赫人、希未人等等組成聯軍，他們人多勢眾，還有車輛馬匹，馬匹肥壯著呢。

「不要怕馬，馬沒有什麼好怕的，這些馬，豈能與埃及駿馬相比？當年我在當奴隸之時，看到馬就怕，督工騎著馬，揮著皮鞭，沒有道理就像下雨一般唰唰掃下來，我們每個人都是傷痕累累。」迦勒讓大家參觀他身上的疤痕。

「後來，摩西帶大家過紅海，海水成了乾地，彷彿讓馬車行走的馬路，等到大家平安渡過，埃及的大軍趕過來，一瞬之間，海水復原，人仰馬翻，全部被海水吞沒。」

「神是何等何等愛我們。」迦勒眼中濕潤，忍住淚水，大家一齊望著這位八十五歲的不老英雄，也感染了他的氣魄，細數主恩的確能增加勇氣。

這時候，耶和華對約書亞說：「不要怕他們，明天這時他們全部滅亡了，你要砍斷他們馬的蹄筋，放火焚燒馬車。」

約書亞向來不耽延，領到命令，立刻出發。

北方盟軍在米倫水邊，正在調集各方軍隊，約書亞出其不備，一面放火燒車，一面砍斷馬的蹄筋。有如宋朝岳飛，大破金兵三馬同馳的拐子馬，掄著大斧，專門砍馬足，大獲全勝。

因此，聖經詩篇中有一句話：「有人靠車，有人靠馬，但我們要提到耶和華我們神的名。」

每個人的生命之中，都有他特別懼怕的車與馬，有時萬馬奔騰，懼怕席捲，在這個時刻，惟有緊緊抓住神。

懼怕是人性，迦勒當然會怕，當初他是十二個探子之一，只有他與約書亞是鷹派，主攻，上帝特別嘉許他：「你們之中，惟獨我的僕人迦勒，他另有一個心志，專一跟從我，我就把他領進他們去過的那地，他的後裔也必得那地為業。」

神的鼓勵，是這般溫暖了迦勒的心。在曠野，他也和眾人一般，頂著驕陽，挨過缺水，卻從不抱怨，也不嫉妒摩西的權柄。迦勒的名字是忠犬，他就像一隻勇猛又乖順的狗，每次熬不下去之時，迦勒就在心中，重複播放神的勉勵，再次從失溫而回暖。

神的應許之地（the Land of Promise），人們的許諾，經常因為種種因素失信了，神卻不然。迦勒腦中有一幅圖，就是他在當探子之時，看了一眼的希伯崙，當其他人只關注特號巨大的葡萄之時，迦勒卻在思想以色列的祖先。啊，這是亞伯拉罕舊日帳篷，天使造訪之處。也是亞伯拉罕、以撒、利百加、雅各葬身之處。彷彿先人死守這塊地，未來要達成上帝的應許。一股恬靜平和自泥土中升起，一種愛上帝愛民族的情懷，使得迦勒在痛苦的曠野世界之中，心中創造另一美好的奶蜜世界，讓他能忍受一切，愛著一切，臉上永遠洋溢快樂的暖暖甜甜，幸福且深刻。

於是，在約書亞大獲全勝，大家集合吉甲，開始抽籤分配各支派獎賞之時，迦勒突然舉手，「當年，我四十歲，也就是四十五年前，摩西曾說，因為我專心跟從耶和華，因此我腳所踏之處，要留給我子孫，永遠為業。」、「我要希伯崙。」

眾人都用奇怪詫異的眼神望著迦勒，有人說話了：「老英雄啊，希伯崙現在稱為基列亞巴，因亞巴是亞衲族中的巨人，目前三個族長，也是巨無霸，產業不在約書亞手中，你糊塗了嗎？」

迦勒深深吸了一口氣，「我今年八十五歲，我還是強壯，當年摩西打發我去之時，我的力量如何，現在還是如何。」

迦勒把力量全部獻給神，神也源源不絕供給他新鮮力量，他成功趕走亞衲族人，成為唯一完全驅逐當地人的得勝者，恢復希伯崙的老地名——希伯崙 的意思是友誼情誼與愛心。眾人為他歡呼，尤其迦勒的掌上明珠——押撒。

迦勒心中還有一個未完成的美夢，他要好好嫁出他的掌上明珠，於是比武招親，「各位，誰能攻下基列西弗，就可以娶押撒。」

這時俄陀聶小伙子出列，他相貌堂堂，英俊正派，迦勒看著歡喜，拍拍肩膀，「耶和華祝福你。」

俄陀聶旗開得勝，迎娶佳人，迦勒送了一塊南地當陪嫁，押撒對新郎說：「那兒沒水灌溉，再向我爸爸要小泉吧。」

俄陀聶不敢，低下頭，不作聲。他還是怕老丈人的。

押撒說：「我自己去要求。」毫不忸怩，與父親一般爽快。

押撒望著迦勒的神情，就像迦勒望著天，相信上帝會祝福他厚賜他的神情。她相信爸爸會答應。

迦勒大笑：「好，上泉下泉全給妳。」上泉下泉究竟何處，今址不可考，迦勒留給女兒的真正寶物該是，「專心跟從耶和華。」

以後，俄陀聶成為繼承約書亞的領袖，帶領以色列四十年之久。真正信靠上帝的父親，是最好的父親；真正信奉上帝的先生，也是最好的丈夫，押撒真是最幸福的女人了。

25. 傻人傻勁

古今中外的偉人，都有一個相同的特質——傻氣。

約書亞在年輕的時候，就是一個傻小子。摩西上西乃山去見上帝，命令他在半山中等著，這一等就是四十晝夜，約書亞就痴痴地等到望眼欲穿。要是摩西死了呢？要是摩西不再回來了呢？約書亞要等到什麼時候？若問約書亞，他也不知道。他只曉得，他必須遵守摩西的命令，正如摩西完全聽命上帝。

這樣的傻，未免不夠愛自己。不然，正因為珍惜自己的價值，他選擇了忠心，忠心是要付代價的。人看不見上帝，上帝卻在人的身邊，一眼看穿人的心思，因此，祂看上了約書亞成為摩西的接班人。

過約但河後經過了七年多，將近八年的八年抗戰；國中太平，約書亞在迦南地的吉甲，分配各支派土地。

其中，瑪拿西半支派和流便、迦得兩個支派，在約但河東，已得到產業。不過，摩西規定他們，得和大家一同渡河，一起攻打迦南，他們也乖乖遵守了。家小留在河東。

其他的地，就抽籤決定。不過，所謂抽籤，其實是上帝決定的。

論功行賞，約書亞身先士卒，每一場戰役都跑在最前面，又是領袖，就不是他本人，也該是他的兒子女兒先抽籤。如所周知，抽籤是最容易上下其手的，曾經某私立學校用冰棒棍抽籤招生，他們預先把某些棍子放在冰箱中冷凍，手一撈，碰到冰冰的，自然中獎。

將近九十歲的約書亞，還是一個不折不扣的傻小子，他舉起手來發言：「我早就說過，我不要別的，只要以法蓮山地的亭拿西拉城，耶和華也應允了我。」

亭拿西拉的意思是「屬太陽之地」，這是毫不起眼的小地方，眾人興趣缺缺，覺得約書亞笨。

正因為約書亞傻，把自己劃分到利益圈外，他有清望，才能公正處理分地，避免了假公濟私。

於是我們在聖經中看到一堆枯燥的地名，各支派的地界，清清楚楚。例如，「猶大的南界，是從鹽海的儘邊，通到亞克拉濱的南邊，接連到尋上到加低斯巴尼亞的南邊，又過希斯侖……」等等，雖然唸來無趣，卻也表現聖經是真實的歷史，而非杜撰的小說。

另一方面，西方人從小讀聖經，因此養成守約的習慣，所有買賣，權利義務一一詳載，先小人後君子，大家都得君子。不像舊社會的中國人，胸脯一拍，含糊帶過，農家因為爭水爭田，鬧出多少糾紛，人人都成為小人。

約書亞不以摩西傳人沾沾自喜。

約瑟的子孫卻沒有辦法減少優越感，他們自認皇親國戚、開國元勳之後，憤憤不平，前去找約書亞理論：

「我們是大族，族大人多，你這樣一小段一小段，大家一樣抽籤，這算什麼？」

望族一向是高人一等的。

約書亞忠心履行上帝的命令，他溫和地答覆，「你們族大、人多，剛好可以在比利洗人、利乏音人，這些還沒有拿下的地區中，砍伐森林，耕耘肥沃土壤，得到豐盛收成。」

約瑟子孫嚷嚷叫叫，「那個山地容不下我們，並且在平原的迦南人有鐵車，不管啦，你得再給我們一些。」

「你們有上帝。」

約書亞雖然傻氣，卻有豪氣正氣。

以色列的百姓們果然得到流奶與蜜之地，上帝的應許是不會落空的。

接著，約書亞召見流便人、迦得人、瑪拿西半支派的人，一共四萬人，勉勵他們，「現在你們回到你們帳篷，千萬記住，謹慎守誡命。」他自奉甚儉卻待人寬厚，忙著不停地搬出許多金銀銅鐵，以及漂漂亮亮的衣服，讓他們帶回去。並且稱讚他們英勇，真是好領袖。

四萬壯士回到約但河東，妻子兒女撲上來親吻、擁抱、歡呼，甜蜜得如融化的冰淇淋。他們感念耶和華，就送了一座壇，非為獻祭，而是見證神恩。

對岸七個半支派的人知道了，以為這些勇士要改拜別神，想起亞干一人犯罪，全體遭殃的殷鑑不遠，趕緊派支派首領前去對話，「你們的地業若不乾淨，就回到我們這兒來住吧。」

想想以色列人對土地如此計較，就像我們今日買賣房子一般，竟然如此友愛大方，因此，雙方誤會解釋清楚之後，好樂。

啊，經過四十年的曠野，近十年的戰爭，終於一切平靜下來了，他們安定富足，飽嘗奶蜜，在葡萄園、橄欖園中歡暢。約書亞，這一位純潔、可愛、不自私、不抱怨、向來神說什麼，他就順服的領導人，也安享二十年的幸福人生。耶和華神愛他，在聖經中神未曾責備他一句話，只勉勵他剛強壯膽，百姓也愛戴他。

約書亞終於也老了，要走世人必走之路，他把以色列的長老、族長、審判官都召了來，再三囑咐，「為你們爭戰的是耶和華」、「各位，你們若認為耶和華不好，今天就可選擇別神。」

約書亞知道，飽暖思淫慾，他走了，沒人壓得住百姓，立刻就會偏離正道。

他也無奈，因為神給人自由意志，勸也無用，他只得堅定地說，「至於我和我家，我們必定事奉耶和華。」

聰明的傻人走了，年一百一十歲。

26. 左撇子刺客

摩西死了，約書亞接手，是為聖經中的〈約書亞記〉。約書亞死了，進入〈士師記〉，真可謂一代不如一代。不過，在這段期間之中，還是出現不少高貴可敬的英雄人物。

〈士師記〉是音譯希伯來文，所指的是當以色列人受到外族欺壓之時，上帝興起的拯救者、元帥、軍事首領、也聽訟，判案，加起來一共四百一十年，然而各族中資料重疊，大約是三百年左右。

約書亞如旋風一般征服迦南，但是並沒有徹底消滅當地人，剩下的，應當各族分別努力。

剛開始的時候，情況還不壞，耶和華說，猶大支派應該一馬當先，猶大人請求西緬人一起上戰場，上帝說：「我已將那地交在你們手中。」因此，他們輕而易舉旗開得勝，首領亞多尼比色逃亡。這不是人名，而是比色地區的王。

亞多尼比色被生擒，聯軍捉到他，第一件事，竟然是把他手腳的大拇指砍斷，鮮血淋漓。

亞多尼比色望著自己被剁掉的腳趾頭，大聲嘆息，「我這是報應啊，我飯桌下面，有過七十個王，被我斷了手指腳趾、縮在地上撿取我吐出的渣滓吃。」

原來，這是中東地區的風俗，用來懲罰敵人軍領，讓他們無法領軍，而且當作乞丐羞辱。

以色列人很快學會了這種殘酷的刑罰，滿足得勝的快感，此時迦南人已進入鐵器時代，有鐵車，也有鐵鋤、鐵鍋，以色列人不會打鐵，看著好羨慕，迦南人的物質文明遠遠高於以色列人，以色列人漸漸被感染，迷失在五光十色之中，昏沉享樂，醺醺然醉了。

這時候，以色列人從吉甲到了波金，吉甲是約書亞行割禮的地方，表示滾出罪惡，天使嚴正警告他們：「不可與當地居民締結任何條約，必須拆毀他們的祭壇。」事實上，以色列人偷偷私下去當地神廟發誓簽約，跟著淫神亂拜。

天使說：「小心啊，他們必成為你們肋下荊棘，你們像魚入了網羅。」

以色列人嚇得失聲大哭，因此「波金」就是哭的意思，他們在波金向耶和華獻祭。

虛有其表的獻祭是沒有意義的，眼淚一乾，也忘了天使的警告。上帝當然可以完全除掉迦南人，但是祂存心留下一些，考驗以色列人。

以色列人竟然馬上與迦南人通婚，也就落在敵手之中，痛苦了八年，呼求耶和華，上帝興起俄陀聶，他是第一位士師，老英雄迦勒的女婿，勝了敵人，國中太平四十年。

俄陀聶死了，以色列人又故態復萌，在摩押王手下過了十八年的苦日子，再呼求上帝，這又興起了第二位士師——以笏。

以笏是個左撇子，他是便雅憫的後裔，便雅憫是「右手之子」的意思，顯然左手右手，有神的恩典一樣便利。

以色列人託以笏向摩押王伊磯倫進貢送禮，可能是土產或農作物之類的，一大筐一大筐需要許多人搬運。

摩押王龍心大悅，呵呵呵笑個不停，三層下巴一起笑。

獻完了禮，大家一起告退，任務完成。當人馬回到吉甲附近，他又一人折回。

大家都認識以笏，就是方才送禮的，沒有再次盤問搜身，就讓他進去了，摩押王正在涼樓，侍衛為他正在搧風。

以笏見了摩押王，神祕地說，「王啊，我有一件極為極為機密之事，必須奏告你。」

「說吧。」

以笏露出人多不宜言的表情，摩押王拍著手，「你們退下。」

當摩押王一站起來，以笏用俐落的左手，抽出暗藏在右腿衣服裡面的兩刃劍，直準地刺入摩押王的大肚皮，因為肥油太厚了，整個劍被團團的肉夾住，他沒有把劍拔出，而是再度用力，穿透後身。

接著，以笏悄悄而出，且把樓門關鎖，大搖大擺地出來了。

僕人們以為摩押王關了門在入廁，等了許久，這才拿鑰匙開門，不料，主人已橫死。

以笏抓緊時間，逃到以法蓮山地吹角，號召以色列人跟著他，一舉滅掉摩押，國中太平八十年。

許多人看到這一段，馬上會聯想到荊軻刺秦王，「風蕭蕭兮易水寒，壯士一去兮不復還。」其實最相像的似乎是專諸。

專諸是戰國時代的人，與伍子胥惺惺相惜，結為義兄弟，由於吳國國君王僚不仁，專諸願意充當刺客，刺客要勇敢更要有智謀，他先去太湖拜師學習烤魚，經過三、四年，又打造一把匕首，鋒利短小，藏在魚腹之中，稱之為魚腸劍。

然後，以西湖名廚之身分上菜，通過搜身，將香噴噴烤魚端到桌前之時，迅速扒開魚，抽出劍，刺向王僚，穿過三層堅甲背心，匕首透出背脊，王僚身亡，專諸也被剁成肉泥，也間接幫助了伍子胥，攻占暴虐的楚國。

專諸刺客，雖以武犯禁，言必信，行必果，《史記》的作者司馬遷對這種布衣之俠十分推崇，後來的武俠小說之中，常可見專諸的影子。

聖經中強調，不可流無辜人之血，以笏士師，他也擔任了刺客，這和電影之中為錢殺人的聶隱娘，卻是截然不同的生命價值。

27. 家有一老如有一寶

如果對一位女子說，「妳很底波拉。」肯定是極大的恭維。底波拉的原意是蜜蜂，代表聰敏、勤奮、甜蜜。蜜蜂有一根螫人的刺，當然也不會是好欺負的。香港男星謝霆鋒的母親就名為狄波拉，不明就裡的人，以為她取了怪名字。

在聖經之中，有兩位底波拉，我們先重溫第一位底波拉。

中國人常說近朱者赤，近墨者黑，因此在〈士師記〉這卷聖經之中，多次記載以色列男子，因為娶了迦南女子闖禍。

其實，早在〈創世記〉之中，就曾經出現，亞伯拉罕百歲得子以撒，以撒成年之後，亞伯拉罕不願意寶貝兒子娶迦南女子，因此差遣老管家回鄉，物色合適的兒媳婦。這時以撒已四十歲。

老管家到了哈蘭，向上帝祈禱，誰願意給他及駱駝喝水，就是新娘。一會兒，利百加出現，彷彿體育雜誌中的美女，讓十隻駱駝痛快暢飲，臂力之強，可以打世界女網。而且竟是亞伯拉罕弟弟之孫女，等於是以撒親姪女兒。

這門親事很快談妥，利百加的母親又高興又悲傷，她說，「在家中再待十天吧。」老管家第二天就急著回去，媽媽說，「不然，問問她自己的意思。」

利百加向來極有主見，聰慧果斷，頭一抬，「我去！」就像她的名字——野牛與嫵媚。

做媽媽的想到，此去一別，一輩子都見不到女兒了。那個時代，交通不便，又沒有電腦手機，忍不住鼻酸：「啊，我怎麼放心，不然，這樣吧，讓底波拉和妳一起去。」

底波拉是利百加的奶媽，能幹、厚道。既是奶媽，想來有丈夫兒女。她就像中國古代的忠僕，全心護衛主人，她拍拍胸脯，「我一定好好照顧利百加。」

於是，駱駝載著她倆出發囉。青春玉女利百加握緊底波拉的手，奔向不可知的命運。

媒妁之言經常是不可靠的，利百加卻真是遇見白馬王子，以撒人品好，又專情，從看到利百加第一眼，一直愛她寵她，公公亞伯拉罕對利百加也滿意。

然而，從成親開始，底波拉就是利百加女方唯一親人，她是奶媽，也是閨蜜。心防很深的男人，很難瞭解女人常需要推心置腹的女朋友。

婚後二十年，利百加才生下一雙胞胎，新手媽媽多靠底波拉指導協助，大的叫以掃（意思是有毛）、小的叫雅各（意思是抓住，因為他用手抓緊哥哥腳跟生出來）兩個人在媽媽懷中就開始打架。

以掃醜陋粗野，雅各俊美斯文。雅各用一碗紅豆湯，輕易騙取了長子名分，在當時，長子地位尊貴，且領雙倍遺產。

利百加原本就討厭老大，她氣憤地對底波拉抱怨，「瞧瞧這個笨的，有人用一餐飯換一棟房子的嗎？」

底波拉總是安慰，「耶和華不是對妳說過，將來大的要服事小的嗎？」就像當年迅速答應婚事一般，強勢果斷的利百加，逼著雅各全身裹毛，端上她準備好的香烤野味，假冒出外打獵的以掃，騙取父親對長子的祝福。

此時以撒已瞎，又急著吃大餐，糊裡糊塗為雅各祝福，詐騙得逞。以掃發現，氣得發誓，等父親一走，他要親手宰了弟弟。

利百加又果斷作主，要雅各逃回她娘家，她總是出手如飛刀。

雅各驚惶而逃，利百加哭倒在底波拉懷中，「當年，我離開媽媽，再也看不見媽媽，現在，雅各也見不到我這個母親了。」「他最好別回來，回來以掃真會殺他。」

底波拉一言不發，只是不斷摸著利百加的長頭髮，幫她紮起辮子，彷彿她還是小女娃娃。

雅各走了，留下了氣惱妻子玩花樣的老父以撒，以及對母親怨懟的以掃，利百加的日子真是難過，她總是對底波拉哭，「幸虧世界上還有底波拉。」

人是會犯錯的，做錯事的時候，其實更需要有人愛。

二十年過去了，雅各終於回來了，帶了厚禮向哥哥賠罪，還有二妻十一子，一是他刻骨銘心愛的拉結，一是被騙婚的利亞，滿面風霜，最最想念的母親利百加，早已離開人世。

雅各詭詐，但是情濃，無論對媽媽，對妻子，對孩子都情深似海，多情總比無情苦。

他在失望沮喪之中，看到了底波拉，天啊，歲月流轉，照顧母親、又撫養他長大的老奶媽依然健在，他跑過去，抱住底波拉，像個小男孩一般，嚶嚶哭泣，「不該、不該，我不該聽媽媽的話，竟然害了媽媽。」

有一首歌曲，〈聽媽媽的話〉，每年母親節都會唱，媽媽愛孩子，媽媽也是人，也會做錯事，無論媽媽，孩子，第一都得聽天父爸爸的話。

底波拉捧著雅各的臉：「啊，還是英俊，還是可愛，你一生下來，人人都說可愛的小王子。」

雅各泛起一絲苦笑，人生經歷了多少風霜，被舅舅拉班欺負得死去活來，只有底波拉還是把他當貝比，雅各把頭埋入底波拉懷中，享受片刻被呵護、當寶寶的無憂無慮。

以後，雅各遭孩子陷害，底波拉陪著生氣，底波拉壽終之時，雅各親手將她葬在伯特利一棵橡樹之下，那樹名叫亞倫巴古，又稱為底波拉樹，成為重要指標。

中國人說，家有一老，如有一寶，正如底波拉。

28. 不讓鬚眉

現今全世界女飛官、女蛙人時有所聞，然而惟有以色列規定，婦女具有服兵役的義務，全民花木蘭，這種女強人的特質，在舊約之中即可見端倪。

以色列稱之為以色列，是從雅各開始的，雅各和天使角力之後，天使將他改名為以色列。底波拉是雅各母親的奶媽，底波拉也像乳母一般撫養雅各，底波拉死後，雅各將她葬在一棵樹下，稱之為底波拉之樹。

五百年後，底波拉樹下，另有一位稱之為「以色列之母」的底波拉出現，她是第四位女士師，也是最出色的士師，她又是一位先知。

〈士師記〉中共有十二位大師，獨有底波拉身兼司法官，她沉穩地坐在拉瑪和伯特利中間地帶，底波拉樹之下，審判百姓的訴訟案件。她的丈夫名拉比多，意思是閃電，聖經中記載不多。

當時的百姓，因為背棄耶和華，遭到夏瑣王耶賓壓迫。耶賓不是名字，而是如同埃及的法老、羅馬的凱撒，乃是重複出現的君王名稱。

迦南地區已進入鐵器時代，以色列人既無生鐵，又沒有鐵匠、沒有馬匹，耶賓有九百輛鐵車，一車平均兩隻駿馬，以色列人對車轔轔、馬蕭蕭，真如杜甫〈兵車行〉中所形容的，「牽衣頓足攔道哭，哭聲直上干雲霄。」

耶賓欺壓以色列二十年，百姓終於開始哭求上帝，耶和華指示底波拉，從拿弗他利召來巴拉，對他說，「耶和華吩咐你，率一萬兵隊上他泊山，神必將耶賓將軍西西拉交在你手中。」

巴拉的名字，也是閃電的意思，他卻沒有電火般的勇氣，反而目光閃爍，一下看天，一下看地，最後抬起頭來，下了決定，「妳若同我去，我就去。妳不去，我也不去。」有點像小男孩對媽媽的撒嬌依賴。

底波拉說，「好吧，我一定和你去，可是你這趟得不著榮耀，因為耶和華要將西西拉交在一個婦人手中。」

巴拉連連道謝，他一點不在乎榮耀歸給底波拉，大家都愛她，把她當母親。

於是，巴拉帶了六個支派的軍隊出發。耶賓大將西西拉率鐵車部隊浩蕩而來，西西拉口中哼著歌曲，他勝券在握。

然而，掌管氣候的是上帝，只有上帝才能呼風喚雨，在夏季六月降雪。西西拉走了一半，突然，打雷，下雨，河水暴漲，啊，土石流，地上濕滑鬆軟。雨愈下愈大，嘩啦嘩啦，鐵車泡在泥濘中動彈不得，馬匹嘶鳴吼叫著，正在困窘發愁之時，以色列軍隊以逸待勞，一一殺盡。

最後，只剩下灰頭土臉、一身泥巴的西西拉棄兵而逃，他覺得自己一定是在作惡夢。

西西拉搖搖晃晃向前奔走，忽然之間，看到一名女子，笑盈盈在帳篷前，露出餐廳女招待「歡迎光臨」的表情，西西拉一看，原來是雅億，她是基尼人，與摩西岳父同族，希百的妻子嘛，他認得的。

雅億欠身請安，「我主，請進來，不要懼怕。」

由於男女授受不親，通常女子的帳篷，只有父親與丈夫可以進來，這倒不失為藏身好地方啊。

西西拉也累了、倦了，就走入帳篷。
帳篷就都是一個樣兒，十分簡陋。
雅億倒是待客殷勤，她招呼西西拉躺下，並且幫他把被子蓋好。
西西拉長吁一口氣，終於安全了。
「請給我一點水喝，我好渴。」
雅億卻打開皮袋，用名貴的好盤子，盛上鮮奶，遞給西西拉，這是最尊貴的待客之道了。
西西拉把盤中的奶舔乾淨了，用舌頭轉了一圈嘴唇。
雅億又把被子蓋好，輕聲說：「好好睡。」
西西拉打個大呵欠，實在睏極，眼皮垂下來，他對雅億說，「拜託妳，幫忙幫到底，請妳站在帳篷門口，如果有人問妳，有人在這兒沒有，妳一定要說沒有。」
「是的。」雅億走開了。
營養專家都說，睡前喝一點牛奶，中和胃酸，特別好眠，西西拉本來就疲乏，一會兒打起呼嚕。

這時，雅億悄悄進入，拉起被子，西西拉以為她又要為他整被。不料，雅億迅速地拿起重錘，用釘帳篷的方式，把長長尖尖的木橛子，從西西拉的太陽穴釘進去，就像打木樁一樣，貫穿西西拉的腦袋，橛子也牢牢釘入地裡。

在當時，拆遷帳篷都是家庭婦女的工作，篷布是粗糙毛料製成，何其沉重。篷頂乃一塊大布篷，用柱子支撐，篷布周圍下垂之處，用繩索拉緊，然後把繩索繫在木橛子上，牢牢釘入地裡。這般的粗工，實非纖弱女子可以承擔，卻是游牧民族普遍現象。

一會兒，巴拉追來，又見雅億笑瞇瞇地站在帳篷門口，又露出「歡迎光臨」的友好姿態。

雅億對巴拉說，「你要找的人，就在裡面。」

巴拉急忙握緊手中長棍，準備決一死戰。

巴拉害怕地入內，天啊，西西拉將軍竟被釘在地上，木橛在他髮鬢之中。原來，非底波拉得榮耀，竟是不讓鬚眉的鄰家女子，果然真如耶和華所言，大將軍將死於婦人之手。

29. 女中丈夫

中國人所說的「鴻圖大展」，類似聖經中〈以賽亞書〉中記載，「要擴張你帳幕之地，張大你居所的幔子、放長你的繩子，堅固你的橛子，向左向右開展。」這是預言以色列未來興盛。

然而，雅億這個尋常婦道人家，竟然使用鍾子，以釘橛子（木樁）的方式，把威風赫赫、讓人聞之喪膽的西西拉的腦袋，釘死在地下，未免太厲害了。萬一西西拉將軍醒過來，雅億難以克敵，在奧運比賽中，沒有任何項目是男女對抗的賽局。

巴拉望著雅億，他對上帝的信心，顯然是應該檢討。巴拉握緊了拳頭，開始相信上帝的力量可以捏碎一切，他一鼓作氣，把迦南王耶賓消滅了。

底波拉好興奮，她有強烈的母性，因此被尊為「以色列之母」，底波拉認為，這場戰役的經過，應當傳之子孫。每一位以色列母親，都該帶著孩子誦讀，明白上帝的作為，因此，她仿效摩西的〈紅海之歌〉，也寫成了〈底波拉之歌〉，這是根據歷史事件而寫的史詩。

在詩中，一開頭就說，你們應當頌讚耶和華，無論是騎著白驢，以繡花毯子當鞍座的富貴人家，或是貧困的行路的人，都該讚美耶和華。

緊接著她寫著，「底波拉啊，興起，興起，妳當興起，巴拉啊，妳當奮興。」這個很有意思，人們期待周圍的鼓勵，其實最重要的，應當是不斷鼓舞自己，她也勸勉人人都說「我的靈啊，應當努力前行。」

這一篇史詩，壯闊有力，底波拉敘述以色列部隊的壯志凌霄，但是也不客氣地指責流便、基列、但、亞設支派的人「為何安坐在羊圈之內，聽群中吹笛的聲音」，似乎事不關己的冷漠。

當然，底波拉大大讚揚雅億，「該比眾婦人多得福氣。」她還透露一段祕辛：

當西西拉被雅億釘在地上之時，西西拉的母親突地心中一緊，她隔著窗櫺，望眼欲穿：「啊，我兒西西拉的戰車怎不見蹤影，為何耽延，我好著急。」

一旁聰明伶俐，擅長甜言蜜語的宮女，連忙安慰她：「一定是大勝之後，忙著收拾戰利品。」

是啊，西西拉的母親也開始自言自語：「莫非每人得了一兩個女人，正在開心嗎？」這個似乎差勁。完全不同情被強迫當慰安婦的可憐女人，只顧兒子尋樂。

接著，西西拉的母親又在編夢，「啊，我兒西西拉在敵人手中奪了彩衣，這彩衣兩面正反都繡了花，要送給我。」她就似乎披著彩衣一般，一面哼歌一面旋舞自我陶醉。

當然，夢醒之後，這位母親的傷痛不在話下。

底波拉的詩歌以「願愛你的人，如太陽出現，光輝烈烈」為結語，此後，以色列太平四十年。

底波拉的沉著與力量，來自上帝。當然，也源於她強烈愛著民族。有人以為，信了主，就沒有國家之分，也不必對國旗鞠躬，拒絕服兵役，這實在是沒有好好閱讀新舊約，看看以色列的例子吧：

一九四八年，猶太人建國成功，來自八十五個國家的猶太人回到以色列，土地面積二萬七百七十平方公里，僅台灣三分之二大，更慘的是其中百分之六十五乃是荒涼沙漠，沒有資源，四圍全是強敵。

他們高唱著國歌，「只要心靈深處，尚有猶太人的渴望，眺望東方的眼睛，注視著錫安山崗，我們還沒有失去，兩千年的希望。」

人要活在希望中，然而，希望的實現，必須付出鮮血。以色列的國防軍，從一九四八年五月起，規定男女皆兵，高中畢業滿十八歲的男性服役三十六個月，女性二十一個月、軍官四十八個月。

中國人說「好男不當兵，好鐵不打釘」，全世界的大多數青年，都對服兵役抵抗退卻，只有以色列以從軍為榮，連旅居海外的以色列人都樂意回國服役。

古今中外所有國家之中，也惟有以色列，全民花木蘭，她們要接受與男性一般，最嚴格的軍事訓練，同樣也會因為在危險區作戰，香消玉殞，為國陣亡。每年五月五日、六日，舉行陣亡將士追悼會，總是全國唏噓，其中不乏女戰士。

十八歲的荳蔻年華，當其他國家的女孩，還被視為孩子之時，以色列的女兵就開始負起保家衛國的責任。她們從戎卻不投筆，國防軍中與一流大學合作，創造人才，因此從高一就摩拳擦掌，希望進入最好的部隊，戰鬥機維修技師、裝甲部隊技術教官、突擊部隊教官，許多企業也在軍隊中尋覓人才，她們在退役之後，或入大學，或就業，無不智勇雙全。

在耶路撒冷的超市，當遊客彎腰購物之時，往往被堅硬的重金屬頂到，回身一看，哇，頂著鬈髮的霹靂嬌娃，雖然也在採買日用家用，腰間卻綁著攜帶彈匣的真步槍。以色列國防軍規定，即或休假，槍不離身，方才有此奇景。

真槍實彈絕不輕鬆，她們的歷代祖母們，無不是一人能夠搞定沉重的帳篷，也都流著底波拉、雅億的血液，具有強健的體魄。

當然，更重要的是，對上帝，對國家的忠心耿耿，彷彿無形的橛子，牢牢釘在心房上，她們獻上了自己所有的，上帝賜給她們人所沒有的超自然的力量，以色列女人不是爭女權，而是與男人一般盡義務，見證了上帝的神蹟。

30. 天使來了

每個人的人生都會遭遇苦難，苦難或出於自己，或他人，或上帝，或撒旦，沒有人喜歡苦難。

以色列人從底波拉去世之後，又被撒旦引誘，轉去祭拜象徵性解放的巴力，於是上帝就任憑他們被米甸人欺負了七年。可見，苦難的原因來自多方面。可喜的是，無論怎樣的災禍，如果誠心求告上帝，上帝總會伸出援手。

以色列人一向是勤勞認真努力的，因此，種田之時，汗滴禾下土也是不敢怠惰，然而，辛辛苦苦撒種、灌溉，挨到快要收成之時——

突然之間，一大群的米甸人、亞瑪力人來到了鄉村，他們騎著駱駝，搶走牛羊驢，打包收成的麥子。以色列人嚇得躲到山中的裂口，峽道之中避難。

等到像蝗蟲一般的大軍呼嘯而過，以色列人從避難所中跑出來一看，什麼都沒有了，全給搶光了。忍不住放聲大哭，哭完了，流著眼淚重新播種。

這樣的日子，循環了七年，以色列人開始哭求上帝。

上帝派了一位先知來，告訴他們，「我把以色列人從埃及帶出來，脫離奴隸生活，又賜地給你們，吩咐你們不許濫拜，你們不聽。」上帝點出以色列人是咎由自取、跟著淫神墮落。

不過，神還是憐憫以色列人，興起了新的拯救者——基甸。

有一天，基甸正在酒酢打麥子。打麥子通常在陽光充足、一片寬廣之地，讓自然的微風吹走糠秕。基甸卻躲在釀酒廠中，挨著婦女腳踩葡萄的槽洞邊，縮手縮腳幹活兒。理由無他，恰如日據時代，台灣人只得偷偷養豬，否則，豬長肥了，日本人也就順理成章給帶走了。

耶和華派來的天使，原先坐在橡樹下休息，突然，顯現在基甸身旁。天使對基甸打招呼：「大能的勇士啊，耶和華與你同在。」

基甸泛出一絲苦笑，「我主啊，耶和華若與我們同在，我們豈會遭遇這一切慘事？我們的列祖不是說，耶和華領我們出埃及嗎，祂那些奇妙的作為在哪兒？

現在啊，耶和華早就丟棄了我們，把我們扔在米甸人手中了。」

天使對基甸說：「不是我差遣你，靠著你的能力，從米甸人手中拯救以色列人嗎？」

「什麼？」基甸以為自己耳朵聽錯了，他正色地對天使說，「別開玩笑了，就憑我嗎？我有什麼能耐可以拯救以色列人呢？」

「你不認識我，我家在瑪拿西支派中是最窮的，我在我父家中又是最微小的。」基甸一邊說，一邊搖頭，「哎，我什麼都不是。」他頗有自知之明。

耶和華的使者卻鄭重說，「我與你同在，你就能打敗米甸大軍，彷彿打敗一個人一般容易。」

「嗯？」基甸寒毛直立，突然想起，亞伯拉罕曾經接待過天使，天使告訴亞伯拉罕，他明年就要九十歲的妻子，到時候將要為他生一個白胖兒子。後來，妻子撒拉果然成了超高齡的產婦，生下以撒。

基甸又喜又慌，心怦怦跳，對天使說，「我如果在祢眼前蒙恩，請給我一個證明，讓我知道祢是上主。」

當初亞伯拉罕可是盛宴款待天使，基甸站起來，搓著手說，「祢不要走，要在這兒等我，我要去預備一下。」

「好，我等你。」天使答應。

基甸連忙去宰了一隻偷藏的山羊羔，用一伊法細麵粉烘焙了無酵餅，把肉放在筐子裡，把湯盛在壺中，認真、細心、謹慎，難怪上帝挑中了基甸。這人在小事上忠心，大事上也會忠心。

基甸興匆匆一一捧了來，天使說，「你把肉、無酵餅放在磐石上，把湯給倒出來。」

基甸立刻照辦。接著，見證神蹟的時刻來到，天使將手杖輕輕碰觸肉與餅，竟然有火自磐石之中，彷彿扭開瓦斯爐的開關，一下子燒光了肉與餅。

基甸不可置信地望著杖吃肉餅，整整一隻羊，完全化為灰燼，天啊，這真不是人能做到的。

基甸準備伏在地上拜見天使。

突地，第二件神蹟出現：

天使不見了。筐還在，壺還在，這不是在作夢。石中噴火，表示上帝悅納了基甸的獻祭。

這會兒，基甸得到證明，天使果然是上帝派來的天使。他猛然驚覺，卻沒有興奮，而是嚇壞了，大聲嚷嚷，「慘了，我死定了，活不了了。」

以色列人相信沒有人見過上帝可以存活的，上帝只讓摩西看看背影。不過，基甸見到的，到底只是天使。因此，他聽到耶和華在天上說話，「你放心，不要懼怕，你不會死的。」

於是，基甸就在那兒，為耶和華築了一座壇，顯明上帝與人，重修美好關係，這一座壇，基甸起名為「耶和華沙龍」，意思是耶和華賜平安。

「大能的勇士，耶和華與你同在」，這是聖經中的經典名句，許多基督徒把它貼在牆上自勉。基甸自知，既非大能、也稱不上勇士，天使這般恭維承擔不起，不過，重點是下一句，「與神同在」，當一個人謙卑倒空，神的力量進入，接管主權，勇士於焉產生。

31. 露從今夜白

書生入京趕考，小姐後花園贈金，這是中國舊小說之中，經常出現的情節。有一回，小品短劇之中，編劇促狹地加上一段，當才子佳人依依話別之後，Y鬟清脆吆喝：「下一位。」

沒錯，從投資報酬率來看，狀元及第的機會太少，多多益善，卻也徹底推翻了海誓山盟的堅貞浪漫。

中國人喜歡說，「多拜多保佑」，然而，上帝說得很明白，「心懷二意的人，不要想從神那兒得到什麼。」上帝從來不奢望祂的子民立刻完美，但是，至少要認同上帝的價值觀，一步一步地努力。

美國 總統歐巴馬，自稱是基督徒，卻在二〇一四年由於烏干達總統反對同性婚姻，取消了對烏干達的資助。不過當地人十分明白，正是因為遵守上帝法則，烏干達的愛滋病才從百分之三十六的人口比率，降低到百分之六，這不是金錢所能做到的。

因此，當上帝向基甸顯現，並且呼召他起來帶領米甸人，當天夜晚，上帝的聲音就出現了，「你，起來，拆了你父親為巴力築的祭壇，砍下木偶，在磐石上，整整齊齊為耶和華築一座新壇。」

「並且，用你父親第二隻七歲的牛，做為燔祭，把那木偶當柴給燒了。」

基甸想起白天之時，天使的杖頭，只不過輕輕挨近羊肉與無酵餅，磐石立刻冒火，燒光全羊的奇景，基甸知道不可怠慢，他也不敢大白天進行。

於是，趁著黑夜，基甸挑了十個僕人，偷偷地照著辦，心中怦怦跳，他不敢設想，他父親和城裡的人發現之後，會有怎樣的下場。因此，事情辦完之後，趕緊躲了起來。

巴力的像都是差不多的，髮角曲捲如風，手握閃電，額頭上有象徵性能力的牛角。迦南人崇拜巴力的超強性能力，認為可以帶來豐收，當然，任何邪靈都具有若干能力，才會讓人們趨之若鶩。

基甸怕得要死，恨不得太陽不要東升。

該來的總是逃不掉的，正如基甸預期，一大早就被人發現，全城轟動，馬上查出是誰如此膽大妄為，原來是基甸，這小子太張狂，虧他父親約阿施，還是看守巴力祭壇的人，眾人一起叫叫嚷嚷擁了來：

「今天，沒有什麼好辯白的，你趕快把兒子交出來，讓我們把他打死。」

殊不知，父親永遠是護著兒子的，或許，關起門來，會好好修理一番，約阿施也不以基甸為然。畢竟是自己的骨肉，於是這位父親，講出一段慷慨激昂，成為聖經經典名言的一番話：

「各位，你們是在為巴力爭論嗎？是要救巴力嗎？誰站出來為巴力講話，不如趁早把這個人治死。巴力如果是神、有人拆了巴力的壇，把巴力燒了當柴，巴力他自己為自己報仇吧。」

這話有理，眾人散去，靜候巴力發威。

過了多日，沒事，約阿施好好的，基甸也照常過日子。

城裡的人，看不到熱鬧，自己製造了一個新熱鬧，既然巴力拿基甸沒辦法，可見基甸厲害，角力成功。他們還給基甸取了一個新的名字「耶路巴力」，意思是說，他拆毀了巴力的壇，讓巴力與他爭論吧。

基甸一夕爆紅，成為風雲人物。

耶和華的靈降在基甸身上，當他吹角，不但亞比以謝人跟從他，瑪拿西人、亞設人、西布倫人、拿弗他利人全都擁戴他。

基甸成了英雄，他到任何地方，都像明星走紅毯，總是一大堆人湊上來。人怕成名豬怕肥，基甸心中毛毛的，儘管一連串神蹟出現，他想到肉身之軀，要去對抗迦南人的鐵車，完全無法安定，怕就是怕，這是本能的表現。他想打退堂鼓，又怕上帝發怒，左也怕右也怕。

最後，基甸悄悄對上帝說，「神啊，祢真要我救以色列人，我就把一團羊毛放在禾場上，如果明天一大早，羊毛上有露水，別的地方是乾的，我就知道，祢一定照祢的話，藉我手救以色列人。」

第二天一大早，基甸去擠羊毛，用力一擰，整盆露水，其他地方是乾的。

他還是不肯就範，再次求上帝，「神啊，別生氣，我們再試一次，明早，羊毛是乾的，別的地方全是露水。」

一早起來，基甸去查，果然，羊毛像是被稅吏榨乾了，怎麼用力，也擠不出一滴水來，其他地方則是一片濕漉漉。

就這樣「露從今夜白，月是故鄉明。」如同李白的詩句，從此以後，基甸每次看到露水，想起上帝為他顯現的神蹟，他相信上帝要用他，也會在後面保護他。

同樣的不安，發生在摩西身上之時，上帝就沒有這麼客氣，因為上帝知道摩西，也瞭解基甸只有這點能耐。

上帝會用不同方式，引領不同的人，證明上帝的存在。但是，也絕不是任何人想學基甸，上帝就會陪你做實驗。

最有福氣的人，應該是從小信仰上帝，從聖經中就死心塌地相信上帝的人。例如首富比爾．蓋茲，當他十一歲之時，西雅圖戴爾．泰勒牧師對小朋友說：「誰能背登山寶訓，我請他到天空城市餐廳吃大餐。」比爾．蓋茲馬上舉手，並且說，「只要我盡力去做，在上帝面前，祂就可以讓我完成。」漂亮！

32. 求才妙招

用人難，許多主管挑選人才之時，都恨不得自己有伯樂的眼光，可以找到千里馬。在聖經之中，記載了一段覓才的有趣方法：

基甸被群眾改名為耶路巴力，表示他有對抗巴力的能耐之後，跟隨他的人愈來愈多，他在哈律泉安營，基列坡下竟然陸續擁來了三萬兩千名支持者。

耶和華對基甸說，「現在跟著你的人太多，我不能把米甸人交在你手裡，免得以色列人自誇，認為是自己救了自己。現在，你要對群眾宣布，凡是懼怕膽怯的，可以馬上離開基列山。」

基甸心中不以為然，參加的不過只有四個族。對手米甸人，亞瑪力人加起來的聯軍有十三萬五千人，以色列人力單薄，又沒有戰車，怎麼還嫌多？

但是，基甸不敢不照辦。此話一出口，馬上走了二萬二千人，只剩下區區一萬。

「不行，人還是太多。」耶和華不滿意。

基甸的臉垮了下來。

「你帶大家到水邊，我指點你，誰行，誰不行。」耶和華又下了指示。

大隊人馬來到水邊，口好渴，看到水，眼睛就亮了，個個奔上前去。

耶和華教導基甸：「看到沒有？凡像狗一般用舌頭舔水的站在一邊，跪下喝水的站另一邊。」

基甸一旁觀察，發現絕大多數人，一看見水，彷彿衝向海水浴場游泳，或跪下來，或趴下去，整個頭在水裡涼快涼快，好舒服啊，喝個痛快吧。只有少數人，斯文優雅地半蹲下來，用手捧起一點水，像狗一般舔著喝，這種人只有三百人。

上帝下了結論，「我就用三百人拯救你們。」

基甸張大嘴巴，幾乎要哭了出來，一砍再砍，從三萬二千到三百，只剩下百分之一。

耶和華物為何做這個小測驗，不難明白。此乃假想演習，如果旁邊有敵人，捧著喝水的，手一灑立刻進入戰鬥，而且喝水之時，可以隨時保持警戒。若是忘情地享受牛飲，頭還泡在水中，身邊出現什麼危險、渾然不覺，疏於防範。

人生在世，處處驚魂，許多基督教徒會抱怨，不是都信了上帝嗎？怎麼還是險象環生，不知什麼時候，就被滑溜溜的蛇咬了一口。人總是在坐等上帝的援手，上帝卻要人秉著骨氣毅力、對上帝的信心，勇敢站起來，耳聽八方、眼觀四方，為公義而戰。

整本聖經都是現在進行式，不斷行動，而非盤腿求空，上帝經常掛在口邊的是「起來」，祂看出基甸的恐懼，「你起來，去米甸人營中，你會聽到一些事，然後，你就有膽量了。」

上帝知道，基甸可能沒膽去，又體貼他，「你若是害怕，可以帶你的僕人普拉一塊去。」

「普拉」？沒錯，基甸大吃一驚，他的確有一個能幹機靈的僕人，名字叫普拉，上帝真的什麼都知道。

有意思的是，普拉的名字意思是豐盛，基甸拉著普拉壯膽，感覺不是那麼孤零零單獨一人。

他二人往米甸人的方向走去，遠遠看見，啊，人好多好多，數都數不清，似乎是一群群蝗蟲。更可怕的是駱駝，這輩子沒見過這麼多駱駝，簡直像海邊的沙一般多。

駱駝當然不可能如海邊沙一般多，但是在基甸眼中看到的就是這種感覺，他不寒而慄，有些卻步，但是，普拉在旁，又不好意思打退堂鼓。

「小心，有人來了。」普拉抓住基甸的衣角，二人躲到一塊大石頭後面。

前頭走來兩個彪形大漢的米甸人，都是虎背熊腰，邊走邊聊天，其中一個猛打呵欠，「昨晚沒睡好，還作了一個怪夢，夢到一個不知哪來的大麥餅，滾阿滾啊滾到米甸營中，速度極快，威力十足，帳幕竟然一下子就倒了，整個翻轉傾覆、完全攤在地上。」

另外一人，似乎一點不驚奇，露出早在意料之中的表情，慢條斯理地解夢，「這個不奇怪，大麥餅就是以色列人約阿施的兒子，基甸的刀。神已將米甸和全軍、全交在他手中了。」

二人走遠，基甸站了起來，對普拉說，「你聽見嗎？他們在說我，我不會聽錯了吧？」

原來，上帝要普拉一塊前來，不是沒有道理的。不然，基甸會以為自己是恍神了。

由於同名的人實在太多了，又為了尊敬父親，以色列人總是說某某人的兒子某某，降低雷同率。

大麥是粗糧，窮苦人吃的，曾經有一段時間，營養專家鼓吹大麥蛋白質高，能降脂肪與糖分，然而口感不佳，不及燕麥受歡迎，卻是當時以色列人的主食。

基甸有點暈陶陶，他絕對沒想到，自己在米甸人心目之中，竟有如此分量，事實上，基甸自知是個膽小鬼，神才派了普拉相伴。

啊，上帝是這般體貼、用心、婉轉，再三再四鼓勵基甸，基甸回來，跪下謝恩、再謝恩、三謝恩。

33. 天下第一寶刀

古董寶刀，向來是國寶檔案節目之中，經常出現的題材。武俠小說之中，每每為此一片血腥。得勝者，將刀置於箱中，埋入土裡，上面還種樹，掩人耳目，家人噤若寒蟬，惟恐招來殺身之禍。多少年後，風聞寶刀出土，又是一連串廝殺……

然而，數遍古今寶刀，沒有比聖經之中，基甸的刀更神奇的。

基甸帶著僕人普拉，夜晚回到營中。普拉一路忍不住吃吃地笑，「大麥餅，就是基甸的刀，撞翻米甸人營帳。」

基甸望著普拉，忽然間懂了。原來，上帝要普拉陪同，不只是為了壯膽，普拉還負責作見證、傳消息，否則，倒像是基甸自己的春秋大夢。

由於三萬二千人的軍隊，已經被上帝砍成三百人。因此，普拉的任務，很快就大功告成，基甸又懂了，神下棋一步一步來，每一步都有道理。

一會兒，三百壯士也唱起，「大麥餅，就是基甸的刀。」

這時，基甸突然心中一暖，想起昨天晚上出發之前，上帝吩咐，「起來，下到米甸營中，我已將他們交在你手中。」

基甸挺起胸膛，很威風地下命令，學著上帝的口氣：「起來，耶和華已將米甸軍隊交在你們手中了。」

「起來」是聖經之中，經常出現的字，對日抗戰期間，聶耳寫「起來，不願做奴隸的人們。」義勇軍進行曲，他也是看過聖經的。

「你們三百人，分為三隊，一隊一百人，把羊角和空瓶罐帶著，瓶內藏火把。」基甸突然之間，聰明了起來，馬上擬訂戰略。他舉起手，以領袖的姿態揮舞著，「看我行事。」

「當我吹角之時，大家一起吹，並且高喊『耶和華和基甸的刀。』明白了嗎？」

這真是奇怪有趣的武器。羊角是吹號用的，可以繫在身上，在戰場上傳遞信息。

瓶子就是普通罐子，火種放在其中，免得被風熄滅；被敵人看見；同時，隨時點燃之用。

基甸不再是膽小鬼了，他親率第一軍，選在三更之初，剛剛換更之時，大約晚上十時，正是守衛防守鬆懈，眾人眼皮子要蓋下來的入眠時刻。

三軍分別悄悄自北、自南、自西包圍米甸營區。

入夜了，人累了，駱駝也睏了，五千柵欄，十萬牲口，十三萬五千戰士，一起進入黑夜甜美的夢鄉。

突然之間，四周傳來如同野獸嘶喊的角聲，通常一支隊伍，不過一個號角，現在卻有無數羊角。接著，此起彼落瓶子砸碎的尖銳聲咆哮著。

米甸人全嚇醒了，營外野火熊熊，他們當然知道，以色列人人數不過爾爾，卻有上帝保護啊，上帝可以撒豆成兵。這時，空中呼嘯著「耶和華，基甸的刀。」

好傢伙，果然該來的大麥餅，基甸的刀，該來的還是來了。米甸人拚死一鬥，個個提刀，恐懼驚惶之中，遠遠看見對方帶刀，先下手為強，黑漆之中，一刀砍過去。

暗夜之中，鬼火閃爍，爭相逃命之時，米甸人自相殘殺，掀起大逃亡，一路逃到約但河東，原先被淘汰的三萬二千以色列人加入追趕，贏得大勝。

此情此景，讓人想到田單復國記的火牛陣。田單是戰國時代齊人，智慧甚高，逃難之時，命令族人鋸掉車軸，外罩鐵籠，避免相撞，田氏宗族靈巧俐落，全身而退，田單也被擁為大將對抗燕國，齊人僅剩莒與即墨二城。

由於兵力懸殊，田單下令，飯前在庭院祭祖，供品上桌，烏鴉齊來，遠方燕兵見此異象，田單遂推出小兵假扮神人。

中國人一向認為有老天爺，天會降神，有真有假，田單操控假神，手腕高明，齊人燕人都信，於是上演火牛陣。一千多牛，全部換上花衣裳，角上綁刀，尾巴紮上浸了油的蘆草，牛後是五千壯士，畫了鬼臉，帶上兵器。當火點燃了牛尾巴，牛羣吃痛向前狂奔，燕兵半夜之中，鬥牛失敗，擋不住牛角上的尖刀，又被地獄中來的「鬼兵」，嚇得大叫「媽呀」，敗在牛頭馬面之中——這就是毋忘在莒的由來。

田單畢竟有牛、有刀、有壯士，演成一齣好戲。

基甸的刀根本子虛烏有，他沒有刀，三百壯士也沒有一樣武器，只有角、瓶、火把而已，完全靠神的聖靈引領。基甸的刀，就是智慧，人生總不免仇敵與爭戰，因此，人人可換上自己的名字，「某某某，大能勇士，耶和華與你同在」拿起聖靈的寶刀走上帝的道。

34. 成功的危險

每屆奧運比賽以前，總要查驗運動員是否服用、注射禁藥。禁藥輕則危害健康，重則喪失性命，然而仍然有運動員願意冒險一試。而且，愈是有希望奪魁者，愈是曾經奪得金牌者，特別希望藉由禁藥，助其一臂之力。

此無他，成功總是伴隨著試探與危險。

中國人說勝不驕、敗不餒，難矣。

基甸在未竟全功之前，的確是謙卑又謙卑。

當他帶領三百小軍，手拿羊角、空瓶、火把。口中高喊「耶和華和基甸的刀」擊敗米甸十二萬大軍之時，全靠他們自己人，糊裡糊塗殺了自己人，剩下的一萬五千逃兵，基甸無力殲滅。

於是，基甸派人向以法蓮求援。以法蓮一向在十二支派中居首，他們地勢高，位於山地正中央，完全趕出迦南人，威望領先，也具有戰鬥力量。

以法蓮眾人把守約但河，殺了米甸兩個首領，一名俄立、一名西伊伯，提著這兩人的腦袋去見基甸。

一見面，以法蓮人就嘩嘩啦啦罵個不休，「你去和米甸人作戰，為什麼沒有早點要我們加入？」

以法蓮人覺得沒有受到尊重，而且沒有分到戰利品，老大哥十分惱怒。

基甸怕應付不得當，節外生枝，又添一件麻煩事，他照著「回答柔和、使怒消退」的原則，婉轉地解釋：「我做的，豈能與你們相提並論？就像以色列諺語所說的，『以法蓮土地肥美，掉在地上的爛葡萄，也勝過亞比以謝樹上長的好葡萄。』」亞比以謝正是基甸的家鄉。

這頂高帽子一戴，以法蓮人點頭稱許。基甸又接著說：「上帝不是把米甸人兩個重要首領俄立、西伊伯交在你們手中嗎？我所做的，豈可與你們相比？開玩笑。」

基甸的恭維，以法蓮人十分受用，笑笑離開了。

接下來，因為疲倦，也因為聽多了「耶和華，基甸的刀」聽得如雷貫耳，他既是大能的勇士，也就不用客氣了。他經過約但河，繼續追趕米甸人，三百壯士累極、餓極，對疏割人說，「請拿一點餅給我們充飢。」

疏割人竟然嘲笑，「你們捉到西巴和撒慕拿了嗎？憑什麼要我們拿餅給你？」

「好，看我活捉他們以後，用野地的荊條抽你們。」基甸撂下狠話。不久，毘努伊勒人也拒絕基甸，基甸氣得冒煙：「看我以後拆了你們的樓。」

後來，基甸捉到西巴、撒慕拿，立刻回來報仇。

他在路上遇到一個少年，是疏割人，基甸就用手提起他的衣領，「你識字嗎？」

少年人嚇得說不出話來，猛點頭。

「那就趕快把疏割長老七十七個名字寫下來。」

少年人揮筆疾書，基甸拿著名單，一一唱名，一個一個站出來，他就真的揮起荊條，把七十七個長老打得遍體鱗傷、哀哀求饒。

然後，基甸又旋風般到了毘努伊勒，把樓給拆了，人也殺光。成功帶來了無情與殘忍。

基甸親自審問米甸要犯，西巴與撒慕拿。

「你們說，你們在他泊山殺的人是什麼樣子？」

這二人互相對望，想了一想：「就像你，都有王子的氣質。」馬屁沒有奏效，基甸愈發火大，「沒錯，他們是我的親兄弟，我指著耶和華起誓，你們當日不殺了他們，我今天就不殺你們。」

基甸轉身對自己長子益帖說，「你來殺這二人。」

益帖不敢不從，走到前面，低下頭，怯怯弱弱不敢拔刀。

「快拔刀，你在等什麼？」基甸怒聲責備，完全忘記自己曾是膽小鬼。

倒是西巴、撒慕拿看不下去，「別為難童子，你自己來殺我們吧。」

於是，基甸抽刀洩憤。

西巴、撒慕拿是同情益帖，也是為自己著想，劊子手若是新手，受刑人可慘了。

中國北齊文宣帝發生過類似事件，文宣帝高洋，性情粗暴，長子高殷溫文儒雅，喜歡讀書，勇猛的父親，決心訓練文弱的兒子。

高殷九歲之時，某日，高洋喚來一名監獄死囚，拿出一把刀子，交給高殷：「這個人交給你了。」

高殷拿著刀子，手直發抖，走到犯人面前，看也不敢看，閉上眼睛，在犯人脖子上割了一刀。

犯人開始叫喊，高殷張開眼，看到流血了，鮮紅一片，好可怕。高洋吼了：「再來啊，有什麼好怕的。」

高殷鼓起勇氣，再補了一刀，力氣太小，還是沒死，血流得更多，犯人哇哇叫，連著幾回，高殷憋不住了，嚇出眼淚，高洋氣極，拿出鞭子，對著犯人脖子猛抽，人還是活的，地上全是血，高殷昏倒，從此連連氣喘、言語結巴，過度驚嚇造成神經衰弱。

其實，基甸忘記了，他曾經對天使說，「我有什麼能力救以色列人？」他一路成功發達，全是仰仗耶和華，他要教導孩子的，應該是如何敬畏上帝，讓神的能力進入，可惜成功總是伴隨著自大驕傲，得意不免忘形。

35. 動刀的必死在刀下

西湖本來就美不勝收，大導演張藝謀又增添一景：他在湖中搭起平台，水過腳踝，一群美如天鵝的仙女，翩翩起舞，水花跳躍。夜晚，燈光奇幻，水中倒影，清晰動人，成為名副其實的「天鵝湖」。

看到凌波微步的奇景，聯想到聖經之中最著名的神蹟——耶穌在水上行走。其實，對上帝而言，大自然是祂手所造，完全順眼。人最麻煩，上帝賜人自由意志，經常貌似恭順，心懷鬼胎。

照著上帝原先的意思，祂要打造以色列人成為世界模範國民，由祂直接指揮，永永遠遠作王，基甸也明白上帝的旨意。

因此當基甸全勝之後，眾民擁戴，他不敢黃袍加身，謙讓地說，「不，我不管理你們，我的兒子孫子也不管理你們，只有耶和華親自管理。」拒絕了君主世襲。

緊接著，基甸又說，「我只求你們一件事，把你們戰利品之中搶來的，以實瑪利人所戴的耳環給我。」

這還不簡單，眾人以為，也許基甸收了耳環，也就心回意轉了。以實瑪利是阿拉伯人祖先，與米甸人有血緣關係。

於是，當基甸將一件外衣攤鋪在地上，眾人紛紛投下金耳環，還有目環、耳墜子、紫色衣服、金鍊子甚至套在駱駝脖子上叮叮噹噹的項圈。單單金耳環，稱一稱就有一千七百舍客勒，約有二十公斤重。

接下來，基甸用這些金耳環，很奇怪的，製造了一個以弗得，所謂以弗得，原是祭司袍子外面的小背心，用金線、藍紫朱紅色等漂亮的彩線與細麻，製成的華麗、無袖長衫。

基甸製作了金縷衣，也許用意是好的，但卻成為如神桌、神樹 的偶像，聖經上說，這就成為基甸與他全家人的網羅。因為任何偶像讓人膜拜，自有邪靈附著，所以十誡中第一條就是，除了上帝以外，不可有其他偶像，而上帝是看不見的。

另外，基甸雖然沒有稱王，卻想過皇帝癮，他想鞏固家業，更喜歡放縱情慾，他一共生了七十個兒子，妻子人數眾多不可考。不過，基甸畢竟是大能勇士，神與他同在，他當士師之時，國中太平四十年。

當基甸死後，以色列人又跟著迦南人，拜巴力、行邪淫。基甸曾在示劍，收了一個婢女當小妾，妾生一兒，名亞比米勒，是個狠角色。

亞比米勒對示劍人說，「我的名字是亞比米勒，意思是我父親是王（從這兒可看出，基甸的君王夢），我母親是示劍人，所以各位父老鄉親全是我舅舅。」

這番甜言蜜語打動了舅舅們的心，正如中國古代所謂外戚宦官，外戚指的是后妃娘家的男性。

於是，亞比米勒召聚了示劍一批無賴，組成黑幫，拿了巴力廟中七十舍拉勒銀子，迅速衝向基甸故鄉俄弗拉，一口氣殺光基甸七十個兒子，全部行刑在一塊大磐石上，獨有最小兒子約坦開溜。

約坦很有智慧，他急速奔到基利心山上，向示劍人喊話。基利心山，原是摩西向以色列人宣告祝福之地。

約坦很誠懇地說，「示劍人哪，你們一定要聽我的話，神也就會聽你們的話。」

然後，他講了一個聖經之中有名的寓言故事：在一片森林之中，樹木分別邀請橄欖樹、無花果樹、葡萄樹當樹王。但是，都被它們婉拒。

橄欖樹說，「我豈可以停止生產，人所用來供奉神明和尊重人的油，飄飄搖搖在蒙樹上呢？」

無花果樹說，「我豈能停止生產甜美的果子，凌駕眾樹之上？」橄欖油的珍貴，現代人都知曉。無花果樹是當時重要的經濟作物，如今也盛產中東。

葡萄樹也不答應：「我豈可以停止供應，使神明和人喜樂的新酒，搖搖晃晃在眾樹之上。」

最後眾樹對荊棘說，「不然，請你擔任樹王。」荊棘一無是處，卻滿口答應：「你們如果誠誠實實膏我為王，就得服在我的蔭下，不然，願火從荊棘出來，燒滅利巴嫩的香柏樹。」原來，在炎熱的巴勒斯坦，荊棘很容易起火，就像電線起火一般，把高貴的香柏樹燒死。

這當然是諷刺，示劍人擁立了最糟糕的亞比米勒為王。

過了三年，正如約坦的預言，示劍的舅舅們都不滿亞比米勒，正如黑道標榜重義氣，其實本來就是重利輕義的混混，火拚是必然之事。亞比米勒豈是省油的燈，他奪了城，殺了居民，還惡毒地在田上撒鹽，讓土地永遠不得耕種，又衝到衛所（衛所是地下室，或地穴），將一千男女活活燒死，再趁勝攻打示劍西北的提備斯。

不料，這時一婦人，從樓門上面，丟下一塊她磨穀的上磨石，約兩三吋厚，重三十磅，不偏不倚，正中亞比米勒的腦袋，頭骨破裂，亞比米勒急忙對少年兵說，「趕快抽刀殺我，免得人家說我竟被一婦女所殺，羞死人了。」

在新約聖經，眾人捉拿耶穌，彼得護主心切，一刀割下兵士的耳朵，耶穌馬上把耳朵裝了回去，耶穌決心為每一個人（包括你我）的罪死，他認為武力解決不了問題，因此勸彼得「動刀的必死在刀下。」亞比米勒就是最典型的實例。

36. 孝女悲歌

聖經裡有一句話，讓許多女性不以為然：「妳們作妻子的，當順服自己的丈夫，如同順服主，因為丈夫是妻子的頭。」似乎不甚合理。且慢，接下來，還有一句「基督是各人的頭。」「作丈夫的，要愛你們的妻子，正如基督愛教會，為教會捨己。」

因此，不能斷章取義，拿出一節振振有辭。曾經有一姐妹，被丈夫家暴，打得死去活來，仍然閉不吭聲，自以為發揚基督的美德。

再看聖經中的一句，「你們做兒女的，要在主裡，聽從父母，這是理所當然的。」因此「在主裡」是首要條件。那麼何謂「在主裡」、「不在主裡」？這就是熟讀聖經的理由了。

在〈士師記〉之中，有一位美麗的孝女，因為不明就裡，許錯了願望：

在基列地方，有一個人，名叫耶弗他，是個有大能力的勇士，他的父親是誰？很有意思的，也稱為基列。在聖經中，經常人名地名是同一名稱。

耶弗他的母親是妓女，上帝規定，以色列人不能當妓女，因此，極可能是迦南地區的妓女，有些神學家認為是廟妓。

基列的妻，也生了幾個兒子，兒子們很自然地，一致排斥耶弗他。兒子們長大，翅膀夠硬之時，便對耶弗他說，「你可不能在我們家承受遺產，你是外面妓女生的野種。」聽起來，似乎像連續劇的劇情，同父異母的子女，多半是互相仇視的。

耶弗他無奈，只好逃到基列東北角的陀伯，那兒有許多流氓、無賴，以及低收入，或是沒收入的可憐人。耶弗他就把這些低層社會的遊民組織起來，儼然成一幫派，成為一股勢力。

過了些時候，亞們人攻打以色列人，基列的長老親臨陀伯，想要借重他的力量。

「你回來吧，當我們的元帥。」長老的態度誠懇。

「嗯？」耶弗他頗為吃驚，「你們不是恨透了我，硬是把我趕出父家嗎？怎麼現在遭遇急難，跑到我這兒來了？」當然，原先並非長老趕人，耶弗他是要端一端架子。

「你回來吧，當基列的領袖。」

「領袖」一詞，挑起了耶弗他的興趣：「你們要我回去，與亞們人爭戰，耶和華把他交給我，我可以作領袖？」

長老再三保證，耶弗他正式掛帥，他很有外交能力，派了使者去見亞們王，提出嚴正抗議。

亞們王則表示：以色列人入迦南時，占了從南的亞嫩河，到北的雅博河，向西延伸到約但河一帶。

耶弗他則藉著使者，表達立場：以色列人沒有占據摩押地與亞們人的地，這塊地來自亞摩利人手中，是上帝所賜，絕不退讓；以色列人民在該地已三百年，亞們人從未抗議；現今亞們人是藉此挑戰；上帝必在此中判斷是非。

談判破裂，兩軍開戰。耶弗他畫蛇添足，向上帝許願：「如果平安歸來，無論是誰，我回家時出來迎接我，我一定獻上為燔祭。」接著，連下二十座城。

耶弗他大勝之後，凱旋回家，他的掌上明珠，唯一的孩子，拿著鼓、跳著舞，歡歡喜喜跑出來迎接父親，準備父女兩個大大擁抱。

耶弗他看到女兒，傻了，破口大罵，「誰要妳跑出來？」然後撕裂衣服，嚎啕大哭，「妳幹什麼？妳知道妳在做什麼？天哪，妳要我為難是不是？我已經許了願啊。」

女兒不知所措地望著父親，不明白自己做錯什麼，等到問明原委，一向乖巧的女兒，依然選擇了順服，反倒回過頭來，安慰父親，「爸爸啊，既然這是你向耶和華許了願，耶和華又讓你打了勝仗，你就該還願。」

「只是、只是」女兒開始哭泣，「讓我與同伴上山兩個月，好好痛哭一番，哭我這麼早就沒命，我還是處女啊。」

耶弗他也哭，兩人哭成一團。做父親的，總捨不得女兒嫁人，詩人余光中曾經在一篇散文之中形容，當他在香港中文大學教書之時，聽到門鈴響，原來是操著廣東腔的青年，前來約會女兒，余光中有三個女兒，他把做爸爸不是滋味的心情描寫得絲絲入扣。

曾經參加一個婚禮，主婚人致辭時只說了一句，「我結婚時，我媽媽說，這是她一生之中，最難過的日子。我現在懂了，今天也是我最痛苦的日子。」接著一串長長哭泣。

耶弗他一定也想像過，女兒出嫁，老爸傷心，但是沒出嫁、沒生孩子，竟然要死了，他更是悲痛萬分。

兩個月後，女兒下了山，也成為燔祭的祭品，大家都可憐她。以後，每年，以色列女子都為她哭上四天。

耶弗他完全搞錯了，上帝的燔祭只有牛羊，沒有人。當初上帝測驗亞伯拉罕是否順從，要他獻兒子以撒為祭，但是旁邊就準備了代罪羔羊。

上帝最憤怒迦南人獻子為祭，無論獻嬰兒、獻成年子女，在〈利未記〉、在〈申命記〉中，再三再四提醒，不可以將自己的兒女用火焚燒獻給他們的神。

換句話說，只有這些邪神，才會如此殘忍，耶和華是最憎恨這種殘忍的事，然而，耶弗他不讀律法，他的女兒，女兒的閨蜜同伴，全都不讀律法，糊裡糊塗染上迦南風俗，還自以為順服神、順服父親、自我犧牲，難怪〈士師記〉又名「哭泣之書」。

37. 色關

許多西洋電影、卡通影片之中，都有泰山的出現，泰山的力大無窮，多多少少都參考了聖經中的參孫，他是一名大力士。

上帝要磨練以色列人，成為人類的模範。食色性也，所以祂領以色列人出了埃及之後，先在曠野，苦熬四十年缺水，每天只能吃嗎哪，一路吃到怕。

接著，以色列人來到迦南，得要對付性慾，所謂英雄難過美人關，代表人物就是參孫。

參孫的父母，是一對老好人，對於沒有孩子，深以為憾，猶太人與中國人一般「不孝有三，無後為大」。有一天，突然之間，天使出現，對妻子說，「妳會生下一個孩子，這孩子一出生，就要成為拿細耳人，將來拯救以色列人，脫離非利士人的手。」當時以色列人被非利士人統治，他們是來自愛琴愛的海上民族，十分剽悍。拿細耳人是專門事奉上帝的「離俗人」。

瑪挪亞夫妻感情一向很好，做妻子的立刻把好消息告訴丈夫，瑪挪亞也驚喜不已，但是怕妻子沒把話聽清楚，祈求上帝耶和華，請神人再來一趟。

果然天使又來了，他明白告訴這對夫妻，當拿細耳人有幾個條件：一，不可以吃葡萄以及葡萄製成的食品與飲料，清酒、濃酒、醋酒都不許喝。二，不可用剃頭刀剃頭髮（有點像中國古人，身體髮膚受之父母，從不剪髮）。三是不許接觸屍體。通常拿細耳人的願是自願許的，而且有期限，例如新約中的保羅。有點類似泰國人短暫出家。

這對夫妻要樂壞了，準備殺一隻小羊羔待客。這才發現，神人不是人，是天使，不吃人間飲食，天使建議他們，把羊羔獻給耶和華，他們照做了，火從壇往上升，天使也隨著火焰升上天去，瑪挪亞夫妻看傻了，不敢置信。

不久，妻子果然懷孕，生下一個孩子，取名參孫，父母寵愛，不在話下。參孫愈長愈壯，超乎一般孩子，瑪挪亞高興得不知怎麼才好，參孫就養成任性的脾氣，看到什麼，說要就要，馬上就要。

某日，參孫到了亭拿，看到一個非利士女子，美啊，參孫目不轉睛，心中突突地跳。

他跑回家，對父母說：「我在亭拿看到一位美女，你們幫我娶過來。」上帝曾藉摩西，再三警告以色列人，到了迦南，不許與當地人通婚，免得一起墮落。

瑪挪亞頗為難，「難道我們本國民中，沒有一個女人你看得上、非找沒受過割禮的非利士人嗎？」

「我不管，我喜歡她。」參孫頭一扭。

瑪挪亞夫妻老年得子，又是天使帶來的天賜麟兒，就是月亮，也要設法摘下來，滿足兒子的心願，所以，掙扎了一會兒就投降了，父母親，經常都是投降守不住的。

參孫可樂了，春風得意馬蹄輕，逼著父母到亭拿提親去也。

走到半途，他一個人晃進了葡萄園，他是拿細耳人，不可以進入葡萄園，參孫不想被任何框架限制，愛去哪就去。一進去，不得了，竟然有一隻年輕獅子向他吼。參孫力大無窮，就像武松打虎一般，赤手空拳把獅子給撕裂了，他也沒告訴父母這些事。

迎親之前，參孫又去看那死獅，發現有蜜蜂在獅子肚子中築窩，他就順手挖了一點蜜，邊走邊吃，還分了一點給父母吃，只是沒告訴他們，蜜從何而來，他是拿細耳人，本不該碰死屍。

婚禮在亭拿舉行，依照當地規矩，設筵七天，狂歡慶祝，其中少不了以酒助興，參孫又忘了，拿細耳人不可喝酒。

這個新郎倌興奮極了，他沒有伴郎，非利士人為他準備了三十個伴郎，人數之多，超過任何大明星的豪華婚禮，因為非利士人對這個大力士女婿，還是心中毛毛的。

酒過三巡，參孫意興風發，他突然大喝一聲，「各位，我出一道題，大家猜謎語，如果七天之中，你們猜出，我就送三十人三十件裡衣、三十套外衣。」

大家拍手，參孫就說了，「吃的從吃者出來，甜的從強者出來。」這是指他自獅子腹內取蜜，一定沒人猜出，因此參孫說，「你們猜不出，就要送我三十套裡衣外衣。」

眾人想不出，就去威脅參孫的妻子，如果她套不出話，非利士人就燒她全家。這位美女理當學習婆婆，趕快與先生商量，她卻下定決心套取謎底。

美女開始哭鬧，「你不愛我，你是恨我？」

參孫不解，「怎麼會？」

「你向大家出謎語，卻不告訴我答案。」她振振有辭。

「我連我父母都沒說，豈可告訴妳？」

「所以，這是證明你不愛我。」美人哭得更大聲。

新婚嘉宴，原該是開心事，新娘一直哭，哭得臉像馬臉一般長，顯得極為難看，參孫不知所措，美女不肯受安慰，不斷去吵，「你不愛我、你不愛我、反正你就是不愛我、不愛我。」又哭又鬧，參孫給搞得沒辦法，竟給了美人答案，非利士人也歡歡喜喜把謎底告訴了參孫。

參孫搖搖頭，嘆口氣，「你們除非用我的母牛耕田，否則不可能猜中。」他當然心知肚明，問題出在何處。

看參孫的故事，會替他著急，如此沒腦子，其實色關本來是人生浩劫。新聞之中，經常出現，某某高智商電腦工程師，因為在網路上，遇見美人，被騙走巨款，後來發現是胖胖的恐龍妹，大呼上當，那麼如果詐騙集團真是絕色，是不是就甘願受呢？

38.戀戀美色

西施是中國第一美女。當句踐送西施給吳王夫差之時，伍子胥立刻上諫，「臣聽說，夏亡以妹喜，殷亡以妲己，周亡以褒姒，夫美女者，亡國之物也，王不可愛。」

伍子胥認為「王不可愛」，王偏要愛，後來果然亡國。

食色性也，莫說上古時代的君王，就是曾經締造「開元天寶」盛世的唐玄宗，唐明皇，或是上帝賜與最多智慧的所羅門王，也都因此晚節不保，何況血氣方剛的參孫。

參孫很是憂傷，悶悶不樂，腦子裡全是那非利士小美女：她的輕顰淺笑，她的曼妙身材，洞房鬧了七天，正準備享受花燭夜，怎麼非利士人猜出了謎語，他被妻子給出賣了，參孫火大極了，但是又想死了她，矛盾又痛苦。

「啊，想她也是被非利士人威脅之下，不得已背叛我。」參孫自己安慰自己，他再也忍耐不住相思苦，抓了一隻小羊羔，當作禮物，興匆匆趕去會新娘，這一次一定要圓房了。

三兩下，參孫就趕到了岳父家，岳父看到他，沒有見到女婿的興奮，兩個眼睛張得大大的，很緊張地望著參孫。

參孫一邊說，「我的妻子呢？我要到裡面去。」一面急往內室闖。

「等一下、等一下。」老丈人張開雙手，攔住參孫。

「為什麼不讓我進去？」參孫高聲質問。

老岳父期期艾艾說，「我猜，你一定恨透我的女兒。」

參孫是有理由痛恨妻子的，他爽朗地說：「我原諒她了，我還是愛她。」真是色令智昏。

「但是、但是……」

「但是什麼？」參孫不耐煩了。

「我已經把女兒給了別人。」岳父終於說出實情，用很害怕的眼神望著地面說話。

雖然沒有圓房，參孫卻有戴了綠帽子的憤慨，煮熟的鴨子飛了，他狠狠瞪著老丈人，「你把她給了誰？」

「就是、就是三十個伴郎中的一個。」老丈人又解釋：「婚禮都辦了，不能沒有新郎啊。」「不然、不然這樣吧，我還有一個女兒，也是美女，大家都說，妹妹比姐姐長得還要漂亮。」

參孫怒氣沖天，「這怎能代替！」他自言自語道，「現在，我有充分理由向非利士人報仇。」

普通人發起脾氣，頂多亂甩東西，發洩情緒，參孫是大力士，重拾舊歡不成，還便宜了伴郎。他竟然活捉三百隻狐狸，狐狸狡詐，但是參孫力大無窮，他將兩隻兩隻狐狸尾巴對綁，中間捆上火把。

接著，火把點燃，這一對對狐狸怕痛，拚命向前，來到非利士人的麥田，此時正是收割麥子的時候，火把迅速燃燒麥田，連旁邊的橄欖園都燒得精光。

非利士人簡直不敢相信，一年的收成，竟然成為一片灰土。查究原因，乃是參孫不滿岳父所為，非利士人一氣之下，放火把岳父一家，包括女兒女婿全燒死了。當初非利士人就是威脅美女，如果不逼出參孫謎底，定要燒死全家，美女琵琶別抱仍然難逃一劫。

參孫又因此發火，拿著刀，砍向非利士人，許多人連腰帶腿都劈成兩半，十分凶殘，然後，躲到以坦的岩洞中。

非利士人去找猶大人興師問罪，逼他們交出參孫。他們找到參孫，直截了當對他說：「我們沒辦法，只能把你捆起來，交給非利士人。」

「行。」參孫表現出好漢做事好漢當的模樣，甘願束手就擒：「不過，你們不可拿刀殺我。」

猶大人也不想殺參孫，他們原先很擔心，不知該如何對付大力士，不料事情如此順利。

參孫被五花大綁送了回來，非利士人可樂了，大家都出來看熱鬧，揮手臂唱歌起舞，不料，上帝的靈激動參孫，他雙手用力一撐，「嘿嘿」一笑，繩子彷彿被火燒一般，他就像魔術世界中的掙逃術一般，雙手俐落，難怪他甘願被綁。

參孫看到路旁，有一個驢的死屍，屍首未乾，腮骨中有牙齒，他順手拾起，當成武器，竟然擊殺了一千人，他本來愛作打油詩，又成詩一首：「我用驢腮骨殺人成堆，用驢腮骨殺了一千人。」這個地方後來稱之為拉末利希，意思是腮骨高地。

大戰一場，筋疲力竭，參孫口乾了，這時想到上帝：「耶和華啊，祢藉我手，施行對以色列人的拯救，不要讓我渴死。」

參孫雖多行不義，上帝仍然憐憫他，突然地中間裂開，噴出水來，他似乎靈魂回來了，身心強健，因此，那地方起名呼求者之泉，成為歷史見證，稱為隱哈歌利。

參孫就因此被推為首領，當了以色列的士師二十年。

但是他的老毛病很難改變，有一回，他到了迦薩，看到一位妓女，極美，他就眼睛發直、兩腿軟弱，留下來過夜。

非利士人聽說參孫來了，就在城門外埋伏，又把妓女住處團團包圍，準備第二天一早殺了參孫，來一個甕中捉鼈。

參孫是個聰明人，睡到半夜，突然起身，無人攔得住他，他竟然把城門的門扇、門框、門閂一起拆了下來，扛到肩上，站在希伯崙山頂上咆哮。

參孫是個大力士，但是，最厲害的舉重選手，舉不起自己，他的弱點，在於他興之所至，跟著感覺走，戀戀女色成為他的致命傷。

39. 眼目的情慾

許多人之所以會信上帝，乃是驚嚇之中，緊急呼求，上帝伸出援手。從此，對神對自己開始有了信心，這是很美的經歷。

然而，人所犯的錯，自己知道。上帝更是清清楚楚，只是上帝的憐憫，寬容放過，目的是希望人們悔改，若是誤以為有上帝當靠山，有恃無恐，那就糟糕了。

參孫就是這樣，他力拔山兮氣蓋世，既是士師，又仗著有上帝的恩寵，不把自己的好色當一回事，男子漢大丈夫，風流多情又如何？

現在他碰到第三個女人，這只是聖經中記載的第三個，其餘不計其數。參孫遇上致命吸引人的蛇蠍美女——大利拉。

大利拉住在梭烈谷，位於耶路撒冷西南之地，乃從猶大山地前往海岸的要道，參孫火火熱熱愛上大利拉。

參孫色令智昏的毛病眾人皆知，於是非利士的五個首領（包括迦特、以革倫、亞實基倫、亞實突、迦薩地方）一起去見大利拉，開出優厚條件：「妳去探一探參孫為何力大無窮，我們如何制伏參孫，這樣，我們一人給妳一千舍客勒銀子。」

「大利拉」這三個中文字翻譯得好，有了大利，馬上拉住美人的心，「你們是說合起來，總共給我五千五百舍客勒銀子？」這個可不是一筆小錢，大利拉立刻含笑答應了。

於是，就像現代人騙人拍裸照，然後予以敲詐的仙人跳一般，非利士人先埋伏在大利拉房中。大利拉灌足迷湯，不斷誇讚參孫是超級大英雄，然後好奇地問，「參孫啊，你告訴我，你為何有這麼大的力氣？有沒有辦法可以剋制你。」

「有的。」參孫朗朗大笑，「妳如果用七條繩子綁住我，我就軟弱和別人一樣。」

一會兒，參孫睡著了，大利拉就立刻用繩子綁住參孫，然後大喝，「參孫，非利士人來捉你了。」

參孫打了呵欠，雙手一伸，繩就斷了。

大利拉竟然惡人先告狀，「你欺哄我，騙人。」大發嬌嗔，參孫一見美女，眼就發直，腦袋就暈眩，他馬上安慰大利拉：「我忘了告訴妳，要用沒有用過的新繩。」

這一回，參孫被綁，又輕易掙脫，他也許想起，在以坦洞內，非利士人用新繩捆他，被他輕易掙脫，如今在美人面前表演一番，也是閨房情趣。

大利拉掄起粉拳打參孫，「又欺哄我，又欺負我，不行，這回你非告訴我。」

參孫回答，「妳如果把我七條辮子綁在織布機中，用釘子釘牢，我就沒法子了。」結果，參孫稍微擺一擺頭，又脫了身。他稍微有點理智，就應該動怒，這個枕邊人何以三番兩次要害他，但是參孫看到美女，樂不可支，任其擺布。

大利拉開始哭鬧，「這就是不愛我、不愛我、不愛我，騙我三次。」天天吵，天天吵，就像參孫前妻一般唸個沒完，參孫怕煩，一抓手，「好吧，我告訴妳，我出了母胎，就當了拿細耳人，如果把我頭髮剃掉，我就沒力氣。」

此話一出，參孫玩完了，他在大利拉膝上沉睡時，大利拉指揮非利士人，把他的頭髮給剃了。參孫渾然不覺，在美人膝上沉睡，打著呼嚕，大利拉用力搖醒參孫，並且在他耳旁說，「非利士人來捉你了。」

參孫心想，沒什麼大不了，我和前幾次一般，起來活動暖暖身子就好了，不料，一轉身，發現頭髮沒了，他做為拿細耳人和神之間的關係切斷了，上帝離開他了。

就在那一瞬間，幾個非利士人一起上前，剜掉了參孫兩隻眼睛，鮮血淋漓，眼前一片漆黑，什麼都看不見，實在太可憐、太可憐、太可憐了。

不可一世的參孫，下到監牢裡，和其他奴隸一塊推磨，如驢子一般，他痛苦萬分，在看不見的恐懼之中，心靈之眼啟開，他終於看見自己的罪，他看見非利士美女、看見妓女……看見大利拉，看到女人，參孫就眼睛發直，腦袋轟轟……

非利士首領們聚集，在大袞廟盛大慶祝，有人建議，不如把頭號戰犯參孫找來，像猴子一般戲耍一番。

於是，看不見的參孫，被一個童子牽著，走到兩個柱子中間，參孫對童子說，「我累了，讓我靠一靠柱子。」男男女女在廟中大聲喧譁，比遊樂場還吵鬧，眾人興奮到了極點。

參孫靠到柱子，求告上帝，「主啊，耶和華啊，求祢眷念我，神啊，懇求祢賜給我最後一次力量，向非利士人報仇。」

這時，參孫在牢中，頭髮已長出來了，他抱緊柱子，用盡全身力量，向前一傾，神的大能與參孫同在，彷彿地震一般，柱子前倒，屋頂崩毀，廟宇整個倒塌，五個首領，三千男女，包括參孫自己，一起同歸於盡，這一回他所殺的人，比活著的時候還多。非利士人挖出參孫屍體，交還他家人，參孫擔任士師二十年，很悲劇地，成為民族英雄。

一切都是自眼睛開始的，「肉體的軟弱，眼目的情慾，今生的驕傲」，這三件是每一個人的試探，有人以為，舊約嚴格、新約寬鬆，其實，耶穌的標準更高。

耶穌說，如果你的右眼叫你跌倒，你就把它剜出來丟掉，寧可失去一隻眼睛，不要因此陷入地獄之中。

可是，人怎麼可能隨便剜掉靈魂之窗，雖然，無論任何性的吸引力，一定自眼睛這扇門進入，在聖經〈約伯記〉中，約伯說：「我與眼睛立約，怎能戀戀瞻望處女呢？」

因此，無論男女老少，都可以與眼睛立約，讓神為你決定，什麼可看、什麼不可看，什麼看了一眼，就不要再看了，生命之中需要有油門，也不可缺少煞車。

40. 東邪西毒

若是一個人，莫名其妙生了怪病，中國人會說，這恐怕是中了邪。假如染上惡習，深不可拔，人們會嘆息，成了酒鬼賭鬼。

的確如此，根據聖經的說法，肉眼看不見的魔鬼（撒旦），隨時準備侵入人類，摧毀身心靈。邪靈並非像電影中的異形或殭屍，而是把人變成了魔，某些疾病也由此而來。因此耶穌趕鬼治病，有些現代教堂也醫治趕鬼。

由於邪靈來無影去無蹤，單靠誠意正心沒有用，惟有專心信仰上帝，並且隨時走在主的道上，才能驅魔趕鬼。

在以法蓮山地有個人名叫米迦，他的名字的意思是「誰像上帝？」意思是世上惟有一上帝。這麼美的名字，竟偷了母親一千一百舍客勒銀子。

米迦母親成天嘮叨，「誰偷了我的銀子，一定不得好死。」她天天唸，米迦怕得要命。過了一段時候，他終於告訴母親，「是我偷的。」

母親應該重重責罰米迦，就像那則老故事，有個殺人犯臨刑之前，要再喝母親一口奶，結果把奶頭咬掉，並且責怪母親，在他第一回犯錯時，何以不教導，不痛打一頓。

米迦的母親第一個反應是，慘啦，詛咒到兒子頭上，立刻抱住米迦，「願耶和華賜福予你。」又作了彌補措施，「來，你用這二百舍客勒銀子，請銀匠雕一個像，鑄一個像，擺在你房間。」於是米迦有了神堂，他還製了祭司穿的以弗得。不論偷竊、自製偶像都是違反十誡。

猶大伯利恆，有個利未少年，來到以法蓮，米迦請他當了家庭祭司，講好條件，每年給他十舍客勒銀子，一套衣服，這都是不合摩西律法的。

更荒唐的是，但族人發現了，誘惑少年跳槽，當但父派的祭司，少年就答應了，但族人把米迦整個神堂搬空，米迦追來，但族人反而先斥責，「你別開口說話，免得我們中間脾氣不好的火了，把你全家殺光。」

但族人接著摧毀拉億城，放了一把火燒得一乾二淨，改名為但城。最讓人意外的是，米迦擅自設廟擔當祭司的，竟然是摩西的孫子，革舜的兒子——約拿單。摩西在天上，一定在哭泣，魔鬼入了他後代的心。心一偏，人整個就斜了。

另一個以法蓮人，比米迦過之而無不及，也與少年一般，是個利未人，他娶了一個小妾，小妾行淫，回到伯利恆的娘家，待了四個月，利未人還是愛小妾，帶著一個僕人、兩匹驢，到了岳父家。

岳父很高興見到女婿，招待了四天，到了第五天，利未人要走，岳父強留，拉拉扯扯，到了黃昏，利未人堅持離開。

經過耶路撒冷之時，僕人說，「我們就在這城過夜吧。」

利未人不肯，認為此乃外邦人居住的，於是他們繼續前進，到了便雅憫的基比亞，這時，天已經黑了，他們坐在城門口的廣場上，這兒是裁決案件，也是社交與買賣之地，不知如何是好。

這時來了一個，原來住在以法蓮山地的老人，好心勸利未人，「這兒治安不佳，危險，到我那兒住一晚。」

利未人不願意：「我自己有餅有酒，也有糧草餵驢，我都不缺。」老人半拉半扯還是領著一行人回家。

正在享用晚餐時，突然，城中匪徒圍著房子，大聲吼叫：「把那兩個男人交出來，讓我們和他尋歡。」

老人出來阻止，「別做這等醜事，這樣吧，我有個女兒，還是處女，利未人還有個妾，任憑你們侮辱。」

這個老好人真是莫名其妙，同性戀強姦不可，異性也不可，利未人卻立刻把妾拉出門外。

可憐的小妾，被一群無賴整夜強暴，毫無反抗的能力，到了天亮，用盡最後力氣，爬到老人家門外。

第二天一早，利未人醒來（這個晚上，他既沒出外尋找，也沒有擔憂），發現妾躺臥門外，雙手搭著門檻。

利未人粗暴地低喝，「快起來，我們要上路了。」

小妾沒有回應，利未人用手指在她鼻子前一探，沒氣了。

接下來的事情，更讓人髮指，他竟然動手，把小妾分屍，裝成十二塊，交給十二支派。

以色列眾支派收到人肉包裹，十分驚訝，「怎麼發生這樣的怪事。」於是要求便雅憫族，「交出基比亞匪徒。」便雅憫竟然護短，不肯。

於是，展開三次大戰，最後，便雅憫軍隊總數二萬六千七百人，打到只剩下六百人。便雅憫面臨滅族。以色列人在開戰前曾起誓，「我們絕不讓女兒嫁給便雅憫人。」因為那時群情憤慨，這一會兒又擔心便雅憫人絕後，因為六百光棍沒有妻子。

他們又想出一條毒計，以基列雅比人沒參戰為藉口，打發一萬二千人，把男人、已婚女人全殺光，留下四百處女帶回示羅。但是還差了兩百。

於是，再向便雅憫人獻計，「這樣吧，你們在葡萄園埋伏，看到示羅女子跳舞，就上去搶一個回來。」於是，便雅憫人依計而行，搶了兩百個女子回來。

就算是依照「以眼還眼、以牙還牙」的律法，利未人也不可因此報復，加害所有便雅憫人。接下來，一個比一個毒的詭計，更是完全違反十誡的原則，整個亂了套。

諷刺的是，都說迦南人邪惡，然而在這兩個故事中，全部主角都是以色列人，由此可見，即便信了上帝，仍要小心魔鬼就在身邊。

國家圖書館出版品預行編目資料

吳姐姐講聖經故事——4流奶與蜜之地 / 吳涵碧著.
--初版.--臺北市：皇冠文化. 2017.07
面；公分（皇冠叢書；第4628種）

ISBN 978-957-33-3310-4(平裝)

1.外國歷史 2.聖經故事

241　　　　106009981

皇冠叢書第4628種

吳姐姐講聖經故事

④流奶與蜜之地

作　　者—吳涵碧
發 行 人—平　雲
出版發行—皇冠文化出版有限公司
台北市敦化北路 120 巷 50 號
電話◎02-27168888
郵撥帳號◎15261516號
皇冠出版社（香港）有限公司
香港銅鑼灣道 180 號百樂商業中心
19 字樓 1903 室
電話◎ 2529-1778　傳真◎ 2527-0904
總 編 輯—許婷婷
責任編輯—平　靜
美術設計—嚴昱琳
著作完成日期—2017年1月
初版一刷日期—2017年7月
初版二刷日期—2023年6月
法律顧問—王惠光律師

讀者服務傳真專線◎02-27150507
電腦編號◎ 350104
ISBN◎978-957-33-3310-4
Printed in Taiwan
本書定價◎新台幣250元/港幣83元